*Bienvenue aux dames*
est le mille trente-neuvième ouvrage
publié chez
VLB éditeur.

Direction littéraire : Annie Goulet
Design de la couverture : David Drummond

Catalogage avant publication de Bibliothèque et Archives nationales du Québec
et de Bibliothèque et Archives Canada
Vedette principale au titre :
    Bienvenue aux dames : nouvelles
    ISBN 978-2-89649-598-6
    1. Nouvelles québécoises - 21ᵉ siècle. 2. Tavernes - Romans, nouvelles, etc.
    I. Bock, Raymond, 1981- .
    PS8323.T38B53 2014    C843'.01083564    C2014-942013-7
    PS9323.T38B53 2014

VLB ÉDITEUR                                DISTRIBUTEUR :
Groupe Ville-Marie Littérature inc.*       Les Messageries ADP inc.*
Une société de Québecor Média             2315, rue de la Province
1010, rue de La Gauchetière Est           Longueuil (Québec) J4G 1G4
Montréal (Québec) H2L 2N5                  Tél. : 450 640-1234
Tél. : 514 523-7993, poste 4201           Téléc. : 450 674-6237
Téléc. : 514 282-7530                      * filiale du Groupe Sogides inc.,
Courriel : vml@groupevml.com                 filiale de Québecor Média inc.
Vice-président à l'édition : Martin Balthazar

VLB éditeur bénéficie du soutien de la Société de développement des entreprises
culturelles du Québec (SODEC) pour son programme d'édition.
Gouvernement du Québec – Programme de crédit d'impôt pour l'édition de livres –
Gestion SODEC.
Nous reconnaissons l'aide financière du gouvernement du Canada par l'entremise du
Fonds du livre du Canada pour nos activités d'édition.
Nous remercions le Conseil des arts du Canada de l'aide accordée à notre programme de
publication.

# BIENVENUE AUX DAMES

# BIENVENUE AUX DAMES

*Nouvelles*

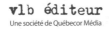

vlb éditeur

Une société de Québecor Média

# SOMMAIRE

# LA FIN DES TEMPS

## *Edouard H. Bond*

C'était le 31 mai 2006, dans ma tête c'était censé être une journée ordinaire. Après avoir déjeuné, j'ai passé le balai. Dans toutes les pièces. Comme chaque mercredi. En racontant mes histoires à Denise. Je suis pas capable de passer le balai sans jaser : si je jase pas, le balayage se fait pas. Fait que j'y ai conté mon rêve. J'aime ça, conter mes rêves : c'est comme si j'étais encore dedans.

— J'tais invité à un voyage dins Antilles Tranquilles, que ça s'appelait. Haha ! Les Antilles Tranquilles, 'magine. Rendu là-bas, j'me faisais dire qu'on pouvait pas s'baigner parce que la mer était pleine de grizzlys. Faque j'allais me faire griller à' place.

Denise, mon épouse, mon amour, est décédée le 11 septembre 2001. Elle est pas morte dans une des tours, elle est morte au quatrième étage de Sacré-Cœur. J'ai jamais eu conscience de l'autre tragédie.

— J'me mettais d'la sauce barbecue à' place d'la crème solaire. Une espèce de sauce barbecue vivante. A m'glissait su'l'corps tu seule…

On a pas eu d'enfants, Denise pis moi. On pouvait pas, son utérus était pas capable. Pendant longtemps, ça m'a arrangé : je voulais pas de flos, j'aurais pas fait un bon père. Déjà que j'avais de la difficulté à être juste un être humain pas trop pire…

— Pis là, la marée montait, montait. Le monde sont rentrés dans l'hôtel en courant, mais moi, ç'avait pas l'air de m'déranger ; je restais étendu dans ma chaise longue.

Denise, mon épouse, mon amour, qui avait jamais fumé une seule cigarette de sa sainte vie, est morte d'un cancer du poumon. Je fume une trentaine de cigarettes par jour ; j'ai tué Denise.

— Là, les vagues ont commencé à éclabousser mes orteils, l'eau était bouillante. Si tant bouillante que j'voyais mes pieds fondre. Mais je bougeais quand même pas.

Je me souviens des derniers instants de Denise, allongée sur son lit d'hôpital. Elle tient ma main, je serre ses doigts ; ses yeux sont secs – les mourants pleurent pas –, mais moi j'braille comme un veau – *comment ça s'fait que j'te perds ?* –; elle, a l'expire dans un long râle impossible, je fixe sa bouche, j'espère quand même entendre un dernier « j't'aime », mais a dit rien, pis sès yeux tout d'un coup deviennent vides : ses magnifiques yeux bleu-gris, maintenant y sont juste gris.

— J'laisse les vagues me manger jusqu'à' gorge. J'devrais être mort fondu, mais j'reste vivant. Une grande silhouette noire apparaît d'vant moi. Le plus gros des grizzlys que t'as jamais vu, j'te dis. Y s'tient sur ses deux pattes d'en arrière un boutte. Pis là, *bam!*, y s'jette su' moé.

Ça m'a pris trois quarts d'heure pour balayer la maison. J'ai arrêté deux fois pour fumer. En même temps, j'ai ramassé mes vides : cinq piasses et soixante en canettes si j'ai bien compté.

\*

J'aime mon Chinois. Ça m'arrive des fois d'arriver chez eux avec quatre, cinq sacs de canettes qui empestent la pisse de chat parce que j'les ai laissés traîner trop longtemps su'a galerie, pis jamais y m'fait chier avec ça. Mon Chinois m'a dit qu'y'avait un doc en philo dans son pays, pis que son rêve c'était d'être prof, mais mon Chinois s'est poussé de la Chine dans les années 1980 parce qu'il voulait pas faire partie de ça, sa Chine. Mon Chinois m'aide aujourd'hui à compter mes canettes. Cinq piasses et quarante, finalement.

— M'as t'prendre un MacDonald king size.

— Vingt ?

— Non, un gros.

Des fois, je lui parle un peu plus, mais la plupart du temps, je l'utilise juste comme une machine distributrice.

\*

J'me suis assis au comptoir à midi tapant. Gilles a mis une grosse 50 pas de verre devant moi. Marcel pis Jay-Jay étaient déjà là, en silence – on a pas vraiment de jasette quand òn en est encore à notre première bière. On est trois vieux bulldogs : on grogne, mais juste des fois.

Je suis abonné au comptoir du Tonneau depuis une cinquantaine d'années. Je suis débarqué pour la première fois avec les gars de la shop de pneus où je venais de commencer à travailler. Marcel faisait partie des gars de la shop. Il était pas trop con, c'est devenu mon préféré, un genre d'ami. C'est lui qui m'avait invité. Jay-Jay, lui, c'était déjà un pilier du bar, solitaire, les yeux toujours collés sur l'écran de télévision, peu importe ce qui jouait. Avant que ça soit Gilles qui nous fasse boire, c'était Guy, le père de Gilles. Guy était une vraie pie, même s'il avait rien à dire.

— Peut-être que des Ritz, ça serait meilleur que des biscuits soda a'ec les œufs dans l'vinaigre. Faudrait faire une dégustation, han les boys ?

Guy est mort à la fin octobre 1997, à peu près en même temps que Marcel pis moi on prenait notre retraite. Marcel, Jay-Jay pis moi on est allés à ses funérailles. Marcel, plus jaseux que nous, a fait un témoignage plein de jokes, entre autres, sur la dégustation de Ritz et de biscuits soda.

Pis Gilles a pris la relève de son père : il est devenu notre barman.

La plupart du temps, on parlait pas beaucoup, ou pas pantoute, mais ça nous arrivait des fois, de même, pas rapport, de dire des choses. Comme cet après-midi-là de mai 2006.

— J'ai encore vu les lumières, hier soir, Marcel a dit.

— En triangle ? j'ai demandé sans quitter des yeux la pompe à draft devant moi.

— En triangle. Pareil comme les aut' fois.

Ça faisait autour de six mois que Marcel nous parlait de ses maudites lumières, toujours la même affaire, trois lumières vives qui flottaient dans l'ciel au-dessus de sa cour.

J'ai sorti une smoke de mon pack de cigarettes, j'ai craqué une allumette, Gilles a soufflé dessus en s'interposant :

— Tu peux pus fumer en d'dans.

— Qu'essé que tu m'chantes là ?

— Fais pas l'innocent. J'te l'ai dit hier pis avant-hier pis la semaine passée pis avant ça, même : à partir du 31 mai 2006 – c'est aujourd'hui, ça –, y'a pus personne qui peut fumer dins bars, that's it !

— T'es pas sérieux ! Tu vas pas commencer à nous faire chier a'ec c't'ostie d'loi épaisse là ! Voyons donc, y'a pas de police icitte.

— Si tu veux fumer, va dehors, j'ai installé un cendrier à côté de la porte.

J'ai fait des grands yeux ronds à Jay-Jay pis à Marcel, mais comme tous les deux sont non fumeurs, j'ai eu droit à des regards indifférents.

— OK. Super. M'as aller… euh… fumer dehors, d'abord…

Personne a bougé. Tout le monde m'a regardé marcher tout seul vers la sortie.

— Juste de même… Vu que tout' ça brise un peu la magie de not' discussion… Si jamais Marcel trouve un bon argument pour ses Martiens, m'as être juste icitte, dehors, pour qu'on en jase. M'as laisser la porte un peu ouverte de même.

Dehors, un soleil bizarre était accroché au milieu du ciel, et il me dévisageait avec ses millions de rayons, arrogant comme un bozo le jour de sa première paye. J'ai allumé ma cigarette à l'aveuglette, les yeux plissés serré pour pas me brûler. Comment on peut vivre comme ça, si joyeusement, en plein soleil? J'ai jamais compris. *Dis-moi qu'y fait pas toujours beau d'même au paradis, Denise.* Je venais à' taverne chaque jour pour échapper à cette lumière, et là, à cause des bien-pensants qui se croient permis de penser à ma place, on passait une loi pour m'évincer de mon royaume chaque fois que je voulais me griller un clou. Pus moyen d'attendre la mort en paix.

J'essayais de voir mon monde à travers la vitrine sombre, mais je pouvais à peine apercevoir la table de pool dans l'entrée. Soleil de marde. C'tait la pire chose qui pouvait m'arriver. Mes jambes ont ramolli, mais je suis resté debout pis j'ai continué à fumer, pis à maudire le monde. Pis le monde m'a maudit. Un joggeur a toussoté en passant d'vant moi; une mère avec son carrosse m'a regardé croche, comme si j'aurais dû comprendre que la loi était faite pour me faire arrêter, pas sortir; une autre passante s'est tassée pour m'éviter, pareil comme si j'avais la p'tite vérole. À cause de c'te loi-là, fallait que je sorte de ma taverne où je faisais chier personne pis que j'aille polluer le bel air pur de tout le monde. J'avais l'impression qu'on m'arrachait des morceaux de droit d'exister, j'étais devenu une nuisance, un maringouin.

— Denise, mon épouse, mon amour, pourquoi je suis pas encore rendu avec toi?

Je suis retourné au comptoir du Tonneau pis j'ai grogné à Gilles de me donner une autre grosse. Pis j'ai fermé ma yeule. J'ai pus jamais parlé. Si j'tais pour être un maringouin… Ben, un maringouin, ça parle pas.

*

Mon Chinois passait sa vie dans son dépanneur, il alignait parfaitement ses cannes de soupe Habitant pis ses boîtes de sel, il lisait même pas les revues à potins qu'il vendait, il faisait la sieste quand c'était tranquille. Quand il réussissait à s'endormir, il rêvait de nous tuer.

J'ai mis un six-pack sur son comptoir.

— Dix soixante-cinq.

— Ça s'peut-tu, les Martiens?

Mon Chinois m'a donné mon change pis m'a regardé dins yeux.

— Rien ne se peut, mon ami.

J'ai eu le vertige, j'ai fermé les yeux. J'ai vu la marée grimper sur moi.

— Mais si rien ne se peut, tu sais alors que tout est alors possible, mon ami.

Juste avant de me noyer, j'ai rouvert mes yeux. Étourdi, j'ai pris mon change sur le comptoir pis je suis parti.

*

Chez moi, j'ai bu quelques bières en marchant des centaines de pas de long en large dans toutes les pièces de la maison. Pis j'ai fumé une dizaine de cigarettes. *Pis j't'ai raconté toutes sortes de choses.* Pis j'me suis arrêté devant la fenêtre. Trois lumières formaient un triangle dans le ciel.

— T'sais que t'inquiètes tout l'monde, Denise?

— Je t'inquiète?

— J'suis pas tout l'monde, moi. J'ai pas peur.

Les lumières se sont rapprochées de moi, j'ai senti une chaleur douce et réconfortante.

— J'ai pas peur.

Les flammes ont glissé sur le sofa, se sont emparées des rideaux, la boucane a envahi le salon. J'ai essayé de respirer mais c'était pus possible. Mes poumons se sont remplis de feu, *j'ai fixé les trois lumières en t'aimant de tout mon cœur*, et j'ai brûlé vif.

# GRAINES

*William S. Messier*

1. Aucune idée du comment ni du pourquoi de la déban-
dade à part que j'ai vu quelqu'un crier quelque chose
comme «qui c'est qui a mangé 'a dernière aile?» de manière beaucoup trop agressive environ deux minutes avant
que ça pète, mais j'ai dû mal comprendre parce que c'est
impossible que du monde se fesse dessus pour une aile de
poulet. En tout cas, je lui en aurais payé une douzaine
d'autres, au gars qui s'était fait flouer, si j'avais su que ça
empêcherait la chicane de pogner avec autant d'intensité.
À voir la grosseur, la grandeur et l'épaisseur des graines ras-
semblées dans la taverne, on s'entend que ce n'est pas une
aile de poulet en moins qui allait faire mourir personne de
faim ce soir-là.

2. Disons tout de suite que je suis un gars tranquille qui veut
juste boire sa bière, gruger ses pinottes et regarder sa finale

de la NBA sur un écran géant dans une ambiance musquée, comme tout le monde. Je ne cherche pas le trouble et, la plupart du temps, le trouble ne me cherche pas non plus. J'ai grandi dans une famille normale avec des habitudes normales entouré de toutes les familles normales de ma rue. Il n'y avait pas de drames ni de violence dans mon quartier. Seulement des maisons Alouette split-level bien cordées, aux briques de couleurs surnaturelles, des Michel qui tondaient leur pelouse en bédaine et des Diane qui travaillaient dans leurs plates-bandes en offrant leur derrière à la rue. Personne ne m'a jamais battu. De toute ma vie, je n'avais jamais reçu ni donné de coup de poing. J'ai joué au hockey quand j'étais jeune, mais je ne me suis pas rendu au niveau Bantam, où les mises en échec sont acceptées. Les compétitions de Génies en herbe étaient trop prenantes, et je préférais me concentrer sur le basketball.

3. Tout ça pour dire que je n'ai pas l'habitude des actes violents, encore moins des mêlées générales. Il reste qu'après que j'ai aperçu le premier tabouret s'élever au-dessus des têtes pour me bloquer la vue de l'écran et m'empêcher de savoir si le deuxième lancer franc de Dirk Nowitzki avait atteint le panier, il ne m'a pas fallu un deuxième avertissement. Ça s'appelait cache-toi en dessous de ta table et attend que ça passe. Ça s'appelait reste en petite boule accroché à la patte de table et ferme les yeux pour éviter de recevoir du popcorn ou des éclats de verre de bière. Ça s'appelait arrange-toi pas pour croiser le regard d'une graine en te penchant parce qu'elle pourrait bien le prendre mal

et décider de traverser le bar pour te tirer de ta grotte et te demander ce que t'avais à la regarder de même. Tout le monde s'est levé d'un coup et a commencé à se sacrer des volées sans aucune autre forme de procès. Dans l'éclairage tamisé de la salle, les figures se confondaient dans un jeu d'ombres bizarres et les poings dans les visages rythmaient la danse.

Au début, dans le désordre, je pouvais seulement distinguer les gens dans le fond. Plus près de moi, les choses bougeaient trop vite pour que je puisse les démêler. C'étaient des jambes et des pieds et des explosions de toutes sortes d'affaires. Au fond, le barman essayait de s'interposer entre deux brutes qui se tenaient par le col de chemise de la main gauche et se vargeaient dessus avec la main droite dans un rythme tellement constant qu'on aurait dit qu'elles se rendaient un service mutuel. Comme si elles avaient signé une entente stipulant qu'elles se donneraient tel nombre de coups de poing dans la face et, là, il ne leur restait plus qu'à compter les coups donnés pour compléter la transaction. N'eussent été le sang qui giclait de leurs visages et qui salissait un peu plus leurs chemises après chaque impact, leurs jointures qui noircissaient au fur et à mesure que leur échange progressait, leurs faces qui changeaient, qui perdaient des bouts enfouis dans les grimaces, qui expulsaient une dent de temps en temps, j'aurais pensé que les brutes faisaient semblant. Le barman, un petit sec qui avait l'air d'être fait tout en nerfs, hésitait à les arrêter. Il s'est jeté entre elles au moment où la graine de droite s'élançait, et j'ai vu la mâchoire du petit employé débarquer avec tellement de force que je suis certain que ses molaires inférieures gauches ont touché ses molaires supérieures droites. Après, il s'est effondré derrière le bar, et les brutes ont repris leur chorégraphie comme si de rien n'était.

4. Quand j'étais à la garderie, mon meilleur ami Geoffrey, qui hantait mes pensées et que j'avais toujours hâte de retrouver, a ri de mon nombril devant tout le monde. Je me souviens que son rire me semblait exagéré. Il pointait mon ventre du doigt et riait aux éclats : « Ha ! Ha ! Ha ! » J'étais un petit gars généralement à son affaire, je ne demandais rien à personne. J'avais un nombril saillant. Je me suis placé devant mon meilleur ami et, alors qu'il riait encore en me pointant, je lui ai crissé mon poing dans le ventre de toutes mes forces. Ma mère a reçu un appel de l'éducatrice. Je ne suis plus retourné très souvent à la garderie après ça.

5. Plus près de moi, avec un petit effort pour démêler le tourbillon, entre deux clignements d'yeux, j'ai vu : une graine en bédaine se faire rentrer la tête dans un miroir Coors Light, et sa bouche se fendre dans l'autre sens sur la pointe d'une montagne des Rocheuses ; une graine en fesser une autre avec le cul d'un bock de bière, sa main en sang après que le verre a pété au troisième assaut ; une graine sauter à pieds joints directement sur le front d'une autre graine qui, en recevant le coup, s'est raidie et a rebondi comme une truite au fond d'une chaloupe ; une graine gueuler de rage la bouche grande ouverte au moment même ou une autre lui plaçait un jab au menton – après, j'ai vu sa mâchoire pendre comme un pare-boue en dessous d'un

truck – ; une graine en serrer deux par le cou en dessous de ses bras et rire d'un rire aigu en traînant un peu partout ses deux captifs ; une graine soulevée par le col de coton ouaté et la taille de jeans être lancée comme une balle de foin dans la machine à popcorn par-dessus les têtes d'un lot de graines en ébats.

Il a fallu que je me tasse d'une table quand un couple de danseurs s'est retrouvé par terre à côté de moi. Le gars qui avait le dessus chevauchait l'autre en le tenant par le t-shirt. Il lui soulevait la tête et la frappait sur le plancher de céramique en accotant son avant-bras juste en dessous du menton de l'autre. À chaque coup sur le sol, sa monture ruait entre les pattes de tables et de chaises. Ils semblaient dans leur bulle, je pensais pouvoir rester là, mais quand le gars en dessous a essayé d'attraper ma jambe, j'ai calculé que la prochaine chose qu'il me demanderait serait un coup de main. Étant un gars qui ne cherche pas le trouble et que généralement le trouble ne cherche pas, je n'allais certainement pas m'inviter dans un party de graines.

6. À la fin de ma sixième année, une graine nommée Steve, qui avait consacré l'ensemble de ses années d'école primaire à brutaliser ses prochains, parlait avec un de ses amis d'une ultime liste de gueules à péter. On était dans la file pour rentrer après la récré et, voyant sans doute que j'écoutais d'une oreille plus ou moins distraite, Steve m'a pointé et a dit à son ami que j'étais le premier sur la liste.

Je trouvais ça absurde, je ne lui avais jamais rien fait, à Steve. C'était l'avant-dernière journée d'école. Ça m'a tourmenté toute la nuit. Dans l'autobus, le lendemain matin,

j'ai repassé dans ma tête les quelques manœuvres d'auto-
défense que je connaissais en sachant très bien que ça ne
ferait pas le poids devant un batailleur de la trempe de
Steve. Dans la cour d'école, j'ai joué au ballon-chasseur
en essayant de contenir ma nervosité. J'ai cherché partout
mon agresseur potentiel pour apprendre, une fois rendu
dans la classe, que Steve avait foxé la dernière journée de
l'année.

7. En changeant de table, je me suis cogné sur une patte et
ç'a renversé un pichet de bière sur la tête d'un voisin qui se
cachait, lui aussi, et qui ne demandait rien à personne, lui
non plus. Il m'avait l'air, en tout cas, du genre de gars
comme moi qui n'achalait pas le peuple, surtout pas pour
une affaire d'aile de poulet. Je n'ai pas eu le temps de lui
signifier que c'était un accident, je levais une main, la
paume vers le plafond, quand il s'est jeté sur moi comme un
chien enragé. La bière lui coulait des cheveux et lui dessinait une drôle de couronne de lumière parce qu'il était à
contre-jour par-dessus moi. Sa barbe et ses cheveux trempes
étaient illuminés dans l'obscurité du bar. Pour me débarrasser de lui, j'ai collé ma main dans son œil en contractant le
ventre pour amortir les coups de genou qu'il essayait de
m'envoyer tant bien que mal à travers le tas de chaises, de
tables et de bocks. J'ai senti mon doigt entrer dans son œil
jusqu'à la première jointure, et ç'a été suffisant pour faire
reculer mon voisin. Dans le concert de coups, de râles, de
toux et de cris, j'ai entendu une note aiguë quand j'ai vu
mon chien enragé se replier sur lui-même en se prenant le
visage.

Après, il n'était plus question que je reste là. Il me fallait une nouvelle cachette. J'ai cherché dans le tas de graines un chemin vers le bar ou vers la sortie, mais c'était bloqué des deux côtés. Une graine avait déchiré sa chemise et tirait sur le pantalon d'une autre, allongée sur une table entourée d'une demi-douzaine de clients qui se tenaient bras dessus bras dessous comme pour se faire une jambette et qui s'envoyaient des baffes en alternance. J'ai pensé à une cérémonie, à un rite païen : ils auraient pu sacrifier une vierge, l'ambiance aurait été semblable. Leurs poings glissaient sur leurs visages mouillés de sueur et de sang, et j'entendais toujours un bruit sourd de chair qu'on cogne sur une surface lisse quand les jointures atteignaient leur cible. Une maudite grande graine bâtie comme un Peterbilt a pris une pauvre graine plus petite que la moyenne par les chevilles et s'est mise à la swinger dans le bar comme un batte de baseball sur celles qui se tenaient encore debout et qui n'étaient pas déjà occupées à se faire tordre les organes par l'extérieur ou à se faire pétrir le gras de la face dans un tas d'éclats de vitre, de popcorn et de molaires arrachées.

8. À quinze ans, j'allais souvent rejoindre mes amis dans la cour d'une école primaire qui avait des paniers de mini-basket. On pouvait faire des dunks et se prendre pour Vince Carter. Un jour, des graines que je reconnaissais comme étant des élèves de ce qu'on appelait le « cheminement particulier » de mon école secondaire nous ont proposé de faire un match amical. Après quelques paniers, un des CP, plus grassouillet que les autres, a décidé d'arrêter d'être amical et a envoyé un crochet sur la mâchoire d'un de mes amis.

C'était assez pour nous faire fuir – les graines du CP, tout le monde savait ça, étaient nées avec un poing dans la face : ça mangeait des sandwichs aux jointures au déjeuner, ces graines-là. Pendant qu'on sautait sur nos vélos en cinquième vitesse, le gros qui avait initié la chicane a crié : « Wu-Tang, motherfuckers ! »

9. Je n'avais pas vraiment prêté attention à la musique dans le bar avant que ça commence, ni dans les débuts de la bataille, sauf qu'il s'est produit une chose étrange quand le monde a atteint son rythme de croisière. Il paraît que les grands sportifs tombent dans ce qu'on appelle « la zone » quand ils sont vraiment concentrés et que leurs lancers frappent toujours la cible, entrent toujours dans le panier ou touchent toujours le fond du filet. Dans le bar, on se vargeait dessus avec tellement de concentration, de rigueur et de méthode que les seuls sons à se rendre à mes tympans étaient les claquements secs des poings qui percutaient les visages, les gémissements relativement virils des clients au souffle court, et graduellement, de plus en plus fort, une ballade de Britney Spears que le mode de lecture aléatoire du jukebox nous avait choisie. J'imagine que la tête d'une graine a frappé la machine dans un angle spécial ou qu'une giclée de sang sur la carte-mère a créé de nouvelles connexions pour donner le résultat qu'on connaît. Et puis, c'était peut-être l'adrénaline, ou encore l'instinct, mais quelque chose dans ma tête m'a fait baisser le volume des autres sons jusqu'à ce que je n'entende rien d'autre que la chanteuse m'expliquer, dans l'explosion de poings, de pieds, de tabourets, de pattes de table, de sang, de sueur, d'hormones, de particules de

poussière, de poils et de dents qu'elle n'était pas une fille, pas encore une femme. Il va sans dire que ça m'a semblé d'adon, surtout considérant l'absence de Diane dans la place. En effet, au premier son de poing dans une face, c'est comme si toutes les Diane du bar s'étaient éclipsées. Je ne connais rien en matière de batailles, je suis un gars tranquille qui ne demande jamais rien à personne. Comme je disais, si je trouve le trouble, ce n'est pas nécessairement parce que je l'ai cherché. Mais l'absence de Diane était quand même bizarre, compte tenu du fait qu'on penserait que les graines sont plus promptes à se varger dessus en leur présence. En même temps, un nombre trop important de graines par rapport au nombre de Diane dans un espace clos, ça peut faire des flammèches pour des histoires aussi niaiseuses qu'une aile de poulet en moins. Pas une Diane à l'horizon, donc, à part celle du jukebox.

10. Un bon ami à moi a mangé la volée de sa vie pendant une soirée de financement du bal des finissants. Il avait accroché l'épaule d'une graine de l'équipe de hockey au milieu d'un corridor, et les deux avaient décidé de régler ce qu'ils jugeaient pertinent de régler le lendemain en soirée, à l'occasion d'un spectacle de hip-hop dans un bar rural en bordure de la ville. Mon ami, qui s'était présenté là seul, avait dû se frotter à deux graines plutôt qu'une.

Le lendemain, on avait un match de basketball dans une autre ville, et mon ami est entré dans le minibus la face tellement enflée qu'il avait du mal à voir devant lui. Notre coach, une graine de format extralarge, lui avait demandé en riant s'il s'était battu avec son peigne ce matin-là.

11. J'ai arrêté de chercher une issue quand mon voisin de tout à l'heure m'a retrouvé. Il m'a pris par l'épaule et m'a retourné vers lui. Sans trop regarder, je me suis élancé, d'un seul mouvement, en présumant que la personne qui m'agrippait ne le faisait sûrement pas pour me demander l'heure. Avant que ma droite n'atteigne sa tempe, j'ai pu remarquer que l'œil dans lequel ma phalange s'était perdue plus tôt était maintenant complètement fermé par l'enflure. Voilà qui expliquait sans doute pourquoi le voisin avait mis autant de temps à me rejoindre : il ne voyait rien. Mon coup l'ayant déstabilisé, j'ai senti ses jointures écraser mon nez sans trop de conviction pendant qu'il tombait déjà sur le côté. Ce n'était pas très franc comme contact, mais ç'a suffi à me faire saigner et me brouiller la vue un instant. Je me suis jeté sur lui alors que le sang coulait de mon nez sur son visage bouffi. Je l'ai accroché à deux mains par les oreilles et j'ai projeté mon front sur l'os nasal en tirant de toutes mes forces sur sa tête.

12. Le monde se bat constamment dans le quartier où je vis actuellement. Le printemps dernier, deux graines dans la vingtaine se sont battues en plein milieu de la rue pendant qu'une Diane à la voix rauque leur criait : « Hey ! ç'a-tu pas de bon sens, vous êtes des frères ! Arrêtez ça avant que quelqu'un appelle la police. » J'étais sur ma terrasse et je me mêlais de mes affaires quand leurs cris ont attiré mon attention. Je me suis emparé du cellulaire comme pour appeler la police, mais je pense que c'était plus pour me donner bonne conscience pendant que je regardais la bataille.

Après cinq minutes, tout a pris fin et le monde a recommencé à se mêler de ses affaires.

13. C'était physique. Comme dans «éducation physique». C'était du sport: l'odeur de sueur flottait dans la taverne comme dans un gymnase. Tandis que je luttais avec mon voisin, les muscles de mon corps se tendaient et se détendaient, le sang courait dans mes veines, et mes os se partageaient les impacts et les mouvements dans un synchronisme absolu. Partout autour de moi, les machines grouillaient de manière parfaitement fluide, crachaient de l'huile et de la boucane. C'était physique aussi dans le sens de «sciences physiques»: des atomes et des molécules. La totalité du bar vibrait sur la même onde. Tout le monde fessait sur tout le monde à l'unisson et tout le monde mangeait la volée par tout le monde en chœur dans un chaos tellement total – le même paquet de muscles, d'os, de peau, de poils, d'eau, de sang, de sueur, de coton, de cuir, d'alcool, de vitre, de chair et de dentition – que j'ai eu l'impression, juste là, qu'on avait fusionné en un seul coup de poing donné et reçu en même temps, comme un seul petit atome ou un petit big bang dans la taverne.

14. La fois où j'ai passé le plus proche de me battre, c'était à l'épicerie, un soir de semaine. Le client devant nous à la caisse, un Michel qui a priori n'avait rien d'une graine, avait fini de placer ses articles sur le tapis roulant et ma blonde s'est étirée pour ramasser le bâton de plastique qui signalerait à la caissière la fin de la commande du monsieur. Pour une raison inconnue et qui me donne, encore aujourd'hui,

le sentiment inquiétant qu'à tout moment une graine peut surgir pour me mettre son poing dans la face, pour une raison inconnue, donc, le Michel s'est tourné vers ma blonde et lui a dit, visiblement fâché : « On se calme ! » Mon amoureuse, qui est comme tout le monde dans sa façon de ne pas chercher le trouble et de n'être pas très souvent cherchée par lui, m'a lancé un regard d'étonnement. J'ai souri nerveusement et, ce soir de semaine là, dans la file à la caisse de l'épicerie, notre graine m'a invité, sans détour, à venir régler ça dans le stationnement. Heureusement, le gérant s'est interposé.

À ma sortie dans le stationnement, je me sentais comme à onze ans, dans la cour de l'école primaire, quand Steve m'avait mis au sommet de sa liste de gueules à péter. Cette fois-ci non plus, personne ne m'attendait à l'extérieur.

15. J'étais à genoux. J'absorbais les coups de mon voisin en lui remettant son dû tant bien que mal. Je ne pensais à rien. Tout à coup, j'ai aperçu par terre, à quelques pieds de la face rouge et luisante de mon opposant, entre les jambes d'une graine qui avait enlevé sa botte pour s'en servir comme marteau sur le crâne affaissé d'un sans-connaissance étendu en dessous d'une chaise, une petite boule de chair rougeâtre qui ressemblait à une aile de poulet. Je me suis étiré le bras. Du bout du majeur, je pouvais presque toucher l'aile. Les pieds se sont comme soulevés autour de moi, la musique s'est arrêtée et les graines se sont tranquillement ramollies. Le seul son audible dans le bar venait des poumons qui sifflaient en canon. Je tenais presque la sainte aile dans ma main sous les regards essoufflés des graines quand une lumière

perçante m'a fait reculer. Dans la blancheur irradiant au cœur de la taverne, juste en face de moi, est apparue une graine auréolée. Je l'ai reconnue tout de suite : c'était le client qui avait gueulé en demandant où était passée la fin de son snack. Il s'est penché, a ramassé l'aile de poulet, l'a examinée un moment et l'a engloutie. Autour, tout était figé.

Quand la blancheur a ravalé le mangeur d'ailes, je me suis retrouvé assis à ma table comme si rien ne s'était passé. Autour, les graines étaient toutes rhabillées et de retour à leur place. Le plancher avait retrouvé son degré habituel de saleté, celui qu'il avait avant que la chicane pogne. J'ai eu l'impression qu'une de mes incisives était sur le point de tomber et j'ai rincé le goût de fer de ma bouche avec ce qui me restait de bière. À l'écran devant moi, Dirk Nowitzki venait de réussir son deuxième lancer franc.

# DES TAVERNES ET DES HOMMES

*Jean-Paul Daoust*

*Those were the days my friend*
*We thought they'd never end*

Je suis de la dernière génération qui aura connu la taverne classique, réservée aux hommes. À cette époque, entrer pour la première fois dans une taverne était pénétrer dans le monde adulte. L'initiation ultime, l'adolescence, refusée à la porte, prenait le bord pour de bon.

Certains ont vécu l'expérience d'y aller avec leur père, de gré ou de force. Communion solennelle d'homme à homme. Pour d'autres, comme moi, il s'agissait d'explorer, entre copains, ce monde clos et fascinant de la taverne. Un monde en voie de disparition. Taverne dinosaure…

Chacun a ses anecdotes de taverne. Moi, à vingt et un ans, en 1967, quand je déménage à Montréal pour y poursuivre mes études en lettres à l'Université de Montréal, je découvre avec stupéfaction et fébrilité le monde des tavernes… gaies! Et il y en a plusieurs. Deux dans l'Ouest, les tavernes Dominion et Peel Pub, et les autres, plus cheap, dans l'Est. Ma préférée était Le Plateau, rue Sainte-Catherine, dans le quartier qu'on appelle maintenant le Village.

Cette taverne-là était un repaire de bums, de voyous, et même de tueurs à gages. C'est là que j'ai eu le coup de foudre pour le beau serveur, Gérard D. Il avait un amant attitré, Laurent, avec lequel je m'entendais très bien : il était psychologue au cégep Édouard-Montpetit, à Longueuil, où j'allais enseigner sous peu. Mais ce fut le coup de foudre entre Gérard et moi, et dès que nous en avions la chance, nous nous retrouvions chez moi. Ah! ces nuits torrides dans mon appartement, rue Champlain d'abord, puis rue Drolet. Inoubliables!

À la taverne Le Plateau, nous pouvions fumer du pot sans problème, et la bière Brador était reine. Cette bière-là contenait le pourcentage d'alcool le plus élevé alors. Mais c'est la faune variée de la taverne qui faisait tout son charme. Intellos attirés par la chair fraîche et virile. Touristes en quête d'exotisme genre canaille. Travelos en mal d'action. Genre *Last Exit to Brooklyn*, version montréalaise. Tout aussi décadente. Fellini y aurait trouvé une panoplie de personnages qui n'auraient pas défiguré sa démesure.

C'est là que j'ai connu les frères Lavoie, Donald et Carl. De magnifiques spécimens aux yeux de loup. Et je

les ai baisés à maintes reprises. Ou est-ce l'inverse? Peu
importe. Des nuits d'alcool, de drogue et de sexe. Avec
moi, ils auront toujours été des gentlemen. Mais Donald,
l'aîné, était le tueur à gages attitré des frères Dubois, qui
sévissaient dans Saint-Henri. Carl était son second. Son
fier-à-bras pour casser des jambes, des gueules... Donald
était le requin, une machine de mort féroce et froide. Mais
avec moi, il était d'une délicatesse exquise, ce qui surpre-
nait l'entourage. Mon aura d'universitaire l'intriguait,
l'intimidait même. Quand il a changé son fusil d'épaule,
qu'il est devenu délateur pour sauver sa peau, il a avoué
cinquante-huit meurtres, dont certains très sadiques. La
Sûreté du Québec lui a donné une autre identité, et il s'est
volatilisé dans le paysage. Il a fondé une famille et mène
des jours paisibles, selon Gérard, que je revois à l'occasion
de son anniversaire. Quant à Carl, un soir de brosse où on
l'avait expulsé violemment d'un bar, il a déboulé l'escalier
et est mort sur le coup. Triste fin pour un homme qui aura
pris soin de sa mère, atteinte d'un cancer généralisé,
jusqu'à son dernier souffle, elle qui voulait à tout prix mourir chez elle en toute dignité. Carl, le fier-à-bras, s'est oc-
cupé d'elle jour et nuit sans rechigner.

Gérard vit depuis plusieurs années avec une compagne
fort sympathique. Such is life! N'empêche... Quels souvenirs
radieux j'ai de cette taverne, dont la réputation sulfureuse
était amplement méritée.

Le Plateau, comme toutes les autres tavernes, devait
fermer le samedi soir à minuit et rouvrir le lundi matin. Un
samedi après la fermeture, Laurent et moi, sur notre erre
d'aller, intoxiqués à la mari et à la Brador, décidons qu'il est

plus que temps de donner un lifting à ce trou à rats ! L'idée fait son chemin, et c'est ainsi que tout se met en branle pour installer le nouveau décor. Nous avalons par-dessus tout ça quelques amphétamines, nous commençons le nettoyage des lieux avant de nous lancer dans la peinture, avec tout un équipage ! Laurent s'est installé à sa machine à coudre et commence à habiller les lampes pour les rendre « plus gracieuses », comme il dit. Même Carl s'est mis au pinceau dans les toilettes. Quant au beau Donald, il a été appelé par les frères Dubois. Une grosse commande, chuchote-t-on…

Durant trente-six heures, nous travaillons sans répit, avalant pilules, bière et fast-food sur un fond tonitruant de musique rock'n'roll et d'éclats de rire. Le résultat est surprenant. L'endroit a rajeuni de vingt ans ! La rumeur de l'ouverture du Nouveau Plateau s'est vite répandue dans le milieu, et à midi pile le lundi, la porte s'ouvre sur une marée de monde qui s'engouffre dans la taverne, chacun y allant de ses commentaires, somme toute très positifs. Et quand un célèbre travelo du nom de Belinda Lee arrive et se met à chanter *a capella* une chanson de Michèle Richard en mettant sa tête sous un des abat-jour de Laurent, c'est le triomphe.

Le lendemain je rencontrais mon directeur de mémoire en création littéraire pour défendre mon délirant récit : *Oui, cher*. Ouf !

La taverne Le Plateau a disparu. Incendie criminel, dit-on. Mais elle est restée bien intacte dans ma mémoire.

Ah ! la taverne ! Tout un poème.

*

Taverne. Caverne. L'homme y est roi et maître. *For men only.* Langues ou œufs dans le vinaigre. L'odeur rance de la sueur des solitudes, qui s'expriment collectivement ici. Genre Léopold dans À *toi pour toujours, ta Marie-Lou.* La taverne. Histoires de. Contes pour hommes seulement. Le décor ne change pas. Familier. Ordinaire. L'homme se repose. Pas besoin de peinturer la salle de bain ici. Besoin de rien réparer. De rien entretenir. Se faire servir comme un prince. Et foncer dans la journée comme en soirée. La taverne. Pas besoin d'excuse. Seul ou en meute, on se protège. Surtout des boss. Maudits boss des bécosses.

La taverne. À coups de deux drafts. Sel. Le serveur en chemise blanche et pantalon noir. Nœud papillon. Ces intermédiaires entre la *bad luck* et le réconfort. Là, on peut se trouver du travail. Ou perdre celui qu'on a. Mais ce qui est dit dans la taverne reste dans la taverne. C'est le serment tacite. Entendu.

La taverne. Cauchemar pour l'enfant qui doit aller y chercher son père. Endroit épeurant. Sombre et rempli de boucane. Quand l'enfant apparaît, ça ne se passe pas comme dans le poème de Victor Hugo. Sur le visage du père, la honte. La fureur. *Qu'est-ce que tu fais icitte, mon p'tit crisse?* Pas le droit de venir le chercher là. *No way.* L'enfant ne le reconnaît plus. Le messager sera marqué pour longtemps. À quel âge cessera-t-il de craindre les tavernes?

La taverne. Sanctuaire pour mâles alpha. Pisser en ligne dans des urinoirs bourrés de boules à mites. Jeudi, soir de

paie. La taverne se remplit. Les ombres des femmes se fau-
filent dans les conversations. Menaçantes. Genre rouleaux
à pâte de vaudevilles. *Dead end* dès le premier coup de
minuit. Citrouille. La cabine téléphonique au bout, confes-
sionnal hasardeux. Et quand dans le saint des saints de téléphone sonne, qu'Untel est demandé, c'est l'alerte à la
bombe. Et le serveur de transmettre les mêmes menteries.
Éruption volcanique à l'autre bout de la ligne. Langues de
truie et crackers en guise de consolation. Et deux autres
drafts.

La taverne. Se faire un fond pas cher avant d'aller boire
dans les boîtes de nuit. Devoir laisser un pourboire si on
veut sa bière froide. Et vite.

Taverne. Église laïque. Où la transsubstantiation de
l'orge est un miracle quotidien. Salle paroissiale sans curé.
Même si à l'occasion il se pointe pour venir avertir ses
ouailles que demain, son sermon doit être entendu. Il sera
justement question du danger des débits de boisson. Voyez
ce que le vin a fait à Noé après le déluge. Une honte. Les
ouailles d'acquiescer, la bouche sèche. Et le curé renché-
rit avec ses Lacordaire. La taverne. Fermée le dimanche.
Condamnée. Excommuniée.

Taverne église, oui. Et quand l'un de ses fidèles meurt,
sa chaise reste vide pour quelque temps. Sur certaines sont
gravés les noms des disparus. Elle leur appartient jusqu'au
Ciel. Que le houblon y coule à flots. Amen.

La taverne. Le plancher en terrazzo veut mimer les
splendeurs orientales. À chacun son harem. La table de bil-
lard est un luxe. Chaises rondes avec barreaux en bois.
Tables en formica. Têtes d'ours ou d'orignaux aux murs.

Tôle embossée au plafond. L'éclairage discret des abat-jour en vitrail. Fenêtres minimales juchées haut. Porte d'entrée pleine, comme celle d'un coffre-fort. L'existence de l'ouvrier est ici précieuse. Respectée. Enfin.

La taverne. Cartilage entre l'usine et la famille. Le maire se pointe. Le député. Ou le représentant d'une brasserie. Tournée générale sur leur bras. Sinon, prix mirifiques. Dix cents pour un verre de huit onces. Trente pour la petite bière. Quarante pour la grosse. On remplit les tables. De Molson. D'O'Keefe. Et de Dow, la vraie bière. Disparue. Elle aussi.

La taverne. Au coin de la rue autant que possible. Sa porte d'entrée que le serveur surveille quand elle s'ouvre. Les clients aussi. Qui se profile dans ce mince filet de lumière? Le soulagement de reconnaître un visage familier. Ou la rage muette de voir s'installer quelqu'un de détesté. La chorégraphie des regards. Le silence ici a son propre langage. Ce n'est pas parce qu'on ne dit rien qu'on ne parle pas. Ça aussi, on le sait.

La taverne. Chacune déborde de milliers d'anecdotes. Toujours les mêmes. De taverne en taverne, les mêmes allures. Les mêmes regrets. Les mêmes déceptions. Les mêmes espoirs. Les mêmes bravades. On règle ses comptes. On paie ses dettes. On s'en fait d'autres. On lance une taquinerie de trop. On la répare à coups de drafts. On ose raconter des histoires salaces. On sacre beaucoup. Jusqu'à ce que le waiter dise : *Assez!*

La taverne. Certains clients y ont passé leur vie. Comme tant de waiters. De propriétaires. Abonnement de père en fils.

Les tavernes. Certaines sont mieux tenues que d'autres. Les autres, des trous. Détestées par les femmes comme l'eau bénite par le diable. Mais il y a toujours celle qui est pas loin de la gare. Commode pour accueillir. Bock de bière avec le collet parfait. *Lui, y connaît ça. C'est de ça que j'avais besoin.*

La taverne. Le même monde. Une famille de chums. Certains portent la gloriole en tant que piliers. Une moyenne de vingt-quatre bières par jour. Toute une fierté. Une vie de millionnaire, quoi! Sur un revenu de piquette. Et l'urine qui imite la bière. Voilà où va mon argent. Ça de moins pour les impôts. Ça de moins pour le frigo.

La taverne. Lieu rassembleur. Centre de renseignements. Festival de l'humour mâle. Forum de discussion. Dépanneur aussi. Local syndical. Refuge des ouvriers du port en grève. Les politiciens donnent les permis. Tu perds tes élections: tu perds ta taverne. Il faut voter du bon bord. La taverne. L'ancêtre de Loto-Québec. La taverne. Club privé pour les hommes ordinaires.

La taverne. Réservée aux hommes. Est-ce assez clair. Pas besoin de faire de chichi icitte. Pas besoin de porter un habit de noces. Pas besoin d'avoir les bonnes manières inculquées par sa mère. Juste prendre une p'tite bière. Relaxer. Retarder l'heure du retour au foyer. Ça de pris sur la soirée. La crisse de paix.

La taverne. Huis clos. Les habitués qui baignent dans la fumée des cigarettes. Et ces verres en forme de tulipe où brille l'Eldorado. L'ambroisie populaire. Sur le zinc, des salières alignées comme des petites statuettes. Un pot rempli de cartons d'allumettes. À l'effigie de la taverne. Quelques journaux aussi. *L'Allô Police. Le Petit Journal. La Patrie. Le Journal de Montréal.* Parfois un *Écho Vedettes* qui s'est perdu. Et l'incontournable *Almanach du peuple.* La taverne a sa propre littérature.

La taverne. Oasis dans le désert monotone du quotidien. Finir son temps pour gagner celui de la taverne, plus clément. Moins chiant c'est sûr. Le client a toujours raison. Les joies arrivent deux par deux sur un plateau au fond de liège. Empêcher les verres de glisser. Ne pas perdre une goutte de cette eau ensoleillée surmontée d'un nuage en forme de guimauve. Surtout ne rien gaspiller. Ce serait un sacrilège.

La taverne. Enfer et paradis. Purgatoire aussi. Bon lieu pour bouder. Essayer de s'éclaircir les idées en plongeant son cerveau dans un lac de draft. Et raconter la même sempiternelle histoire pendant que le waiter essuie ses verres en soufflant dessus. Boire trop. Vomir bruyamment dans les toilettes. Déshonneur suprême : être banni de SA taverne. Sa maison. L'antichambre d'un futur impossible.

Le Peel Pub, le soir, se transforme en taverne gaie. Un client du midi qui voit un homme flamboyant : *Tiens, un client du soir!* Au Bellevue, Ertha Kitt en conférence de presse est accueillie par Bobette et sa perruque fellinienne. L'Altesse, où passent parfois Jean Genêt et Émile Béjart. Michel Tremblay prend des notes. Le Plateau, fréquenté par de beaux tueurs à gages. Ah! Le Plateau et sa porte de toilettes en tôle trouée de balles. Le soupirail sert souvent d'échappatoire vers la ruelle. Tavernes disparues.

La taverne. Le glas. 1980. L'entrée en vigueur du Bienvenue aux dames. Dans les tavernes gaies, on s'en amuse. Depuis le temps que des femmes y viennent! Les travelos. En 1986, tous les établissements doivent se conformer à la loi. La taverne Magnan ne les acceptera qu'en 1989. À la bière s'ajoutera le vin. Et la nourriture. Le mot brasserie arrive.

La taverne n'est plus qu'un mythe.

# TANGO

*Samuel Cantin*

# CHAQUE AUTOMNE

### *Jean-François Beauchemin*

À une certaine époque j'ai été employé dans une petite maison d'édition. Le travail que j'y effectuais m'ennuyait beaucoup, mais j'aimais cet endroit parce qu'on permettait à mon jeune chien d'y errer assez librement. Zorro m'accompagnait tous les jours et, lorsqu'il ne traînait pas dans l'un ou l'autre des bureaux ou dans la petite cuisine, il consacrait son temps à dormir à mes pieds. Beaucoup d'écrivains passaient me voir, et ne manquaient pas de prodiguer à mon compagnon quelque caresse. Tous étaient reçus par lui en amis, mais André Major en particulier suscitait chez ce bel animal un extraordinaire sentiment d'adoration. Cette ferveur pleine de vénération, restée inexpliquée, me laisse encore aujourd'hui bien songeur. L'écrivain-acteur-philosophe et académicien Jean d'Ormesson disait: « Je ne crois ni aux honneurs, ni aux grandeurs d'établissement, ni aux distinctions sociales, ni au sérieux de l'existence, ni aux institutions, ni à l'État, ni à l'économie politique, ni à la vertu, ni à la vérité, ni à la justice des hommes, ni à nos fameuses valeurs. Je m'en arrange. Mais je n'y crois pas. Les mots ont remplacé pour moi la patrie et la religion. » Peut-être mon chien (devenu vieux à présent) est-il au fond comme Jean d'Ormesson. Peut-être ne croit-il en rien, sauf à cette chose mystérieuse, en somme, qu'est le langage humain. Et peut-être le beau langage douloureux des livres d'André Major attise-t-il la sensibilité déjà extrême de Zorro. Cela expliquerait pourquoi ce vieil ami replie ses pattes, ferme les yeux et tend l'oreille lorsque j'ouvre mon exemplaire de *L'Esprit vagabond* et que je relis pour lui ces mots : « Perros rappelle qu'on n'écrit jamais que ce qu'on est capable d'écrire. Et cela se vérifie dès qu'on force sa voix : tout de suite on entend les mots grincer et la pensée chevroter. Ce serait trop beau si on pouvait écrire comme on rêve. On écrit plutôt dans les marges de son rêve, avec des hauts et des bas. » Et puis, il se peut aussi que mon chien ait perçu chez André Major son humilité tellurique, la discrétion de cet être formidablement attentif au bruit que font, très loin d'ici, les pierres en dégringolant des journées.

Cette histoire de mots placés au centre de la vie me rappelle une autre affaire, plus troublante cependant, et concernant encore un écrivain. Je venais à quarante et un ans de publier mon roman le plus riant et le plus grave. J'éprouve encore très souvent le besoin de décrire dans mes livres cette sorte de joie vertigineuse qui se mêle aux aspects les plus tragiques de l'existence. Je n'ai pas changé, et je ne suis pas arrivé à séparer l'une et les autres, surtout lorsque je me penche un peu longuement sur la question de la mort, d'une certaine vie de l'esprit et du corps, et du grand silence sur-humain de l'éternité. Les bouddhistes et les plus perspicaces d'entre nous savent cela : l'approche de l'absolu se signale par le rire. Mais je ne souhaite pas pour l'instant revenir sur cette question, dont j'ai meublé quelques-uns de mes recueillements les plus vrais. Je veux simplement raconter une histoire minuscule à propos de Dany Laferrière, dont la rencontre fut dans ma vie l'équivalent d'une collision stellaire. Cela s'est passé dans les derniers jours du mois d'août deux mille un. Les vacances étaient bien finies, et j'avais été invité à lire en public quelques-unes de mes pages les plus récentes. Bien après que le couchant eut enfoncé son pieu dans la terre, je suis entré dans le bar où se déroulait cette lecture. À distance, j'ai aperçu sous les projecteurs de la scène, parmi trois ou quatre écrivains inondés de lumière, le visage noir et tutélaire de Dany. J'ai osé m'approcher, mettre ma main blanche dans la sienne et lui murmurer ces mots : « Je m'appelle Jean-François Beauchemin, je suis écrivain et tu me fais penser à mon père, qui chantait dans les églises. C'est très rassurant. » Une amitié est née de ce premier contact dans la lumière artificielle de cette nuit éclaboussée de poèmes. Et c'est là que j'ai expérimenté l'une des choses les plus saisissantes de ma vie. Plus tard, après quelques chopes englouties, Dany m'a fait au bar cette mystérieuse confidence : « Je ne sais pas pourquoi, mais je sens qu'un grand malheur planétaire frappera bientôt. » Deux semaines plus tard (le onze septembre), les tours jumelles du World Trade Center s'effondraient sous les yeux ébahis du monde civilisé. Je n'ai jamais reparlé à Dany Laferrière de sa si terrible intuition. Je ne suis pas sûr d'ailleurs que lui-même se souvienne de l'avoir jamais éprouvée ce soir-là (car cet homme, accoudé à un comptoir, peut se métamorphoser devant vous en un sacré buveur). Mais l'important est ailleurs. Je ne souligne cet événement que pour rappeler à quel point les mots donnent une forme à notre vie. Les animaux, qui n'ont ni le cerveau ni le larynx leur permettant de structurer leur pensée (c'est-à-dire leur existence) par le langage articulé, n'ont pas notre chance. Ils ne pourront jamais être traversés comme nous par les fulgurants présages de la chair, cette porte mal fermée. Je ne suis pas de ceux qui affirment encore partout, et si grossièrement, que certains événements (les attentats de New York, par exemple) sont inscrits d'avance dans le grand firmament des destinées humaines, et que ces destinées humaines ne peuvent compter sur les aléas du hasard, ou de la volonté. Je crois l'inverse : tout n'est que hasard et volonté. Mais je veux suggérer que, du fond de je ne sais quelle barrique remplie d'étoiles, les mots parfois nous appellent, et nous insufflent les idées et les impressions les plus fiévreuses (et, pourquoi pas, les plus étranges). Dans son roman intitulé *La première chose qu'on regarde*, Grégoire Delacourt écrit ces lignes inoubliables : « Il n'y eut aucun mot qu'il ne comprit pas mais leur ordonnancement l'émerveilla au plus haut point. Il eut alors un sentiment confus selon lequel des mots qu'il connaissait, emperlés d'une certaine manière, étaient capables de modifier la perception du monde. Saluer la grâce ordinaire, par exemple. Ennoblir la simplicité. Il goûta d'autres assemblages merveilleux de mots au fil des pages, au fil des mois, et pensa qu'ils étaient des cadeaux pour apprivoiser l'extraordinaire, si d'aventure il frappait un jour à votre porte. »

Ainsi se passent mes rapports avec les écrivains : dans l'idée d'un bon repas chaud ou de l'absorption de quelques litres de vin, dans le pépiement immémorial des oiseaux, dans la bonté d'un front cerclé de forêts, dans l'effarante blessure d'un bagage de guerre, dans le danger d'une vie trop proche de l'épaule du soleil, dans la chancelante perspective d'une étoile mourante.

Les écrivaines n'ont pas cet effet sur ma vie. Je rencontre dans le bonheur ou dans la douleur de chacune quelque chose qui correspond davantage à ma nature d'homme crépusculaire entretenant tout au fond de lui-même un feu de brindilles. Une fois, j'ai été invité dans une librairie afin de participer à une entrevue menée par Véronique Marcotte. J'avoue avoir été secoué en côtoyant pendant ces quelques heures cet être qu'on dirait animé d'une mélancolie incandescente, et comme allongeant dans le soir la brûlante syllabe de son cœur. Parce qu'elle avait beaucoup souffert, je l'ai tout de suite comprise. Cette chevelure noire et aérienne, surmontant un beau visage d'enfant, évoquait un corbeau repliant jalousement ses ailes sur le nid. Je ne sais pas aujourd'hui encore ce que protège au juste l'oiseau posé là, sur cette tête penchée, autour de laquelle gravitent de durables pensées d'artiste. Mais j'ai répondu de mon mieux aux questions délicates de cette femme à la fragilité puissante.

Un autre jour, j'ai été interviewé en compagnie de Monique Proulx. Le journaliste français Patrick Poivre d'Arvor dirigeait cette entrevue commune, destinée à s'insérer dans un documentaire portant sur les écrivains québécois. Je ne suis pas certain que mes réflexions soient intéressantes au point de mériter autant d'attention. Bien souvent, mon esprit se brouille quand il s'agit de parler de mes livres. C'est que je ne les relis jamais, et ne me sens pas très longuement attaché à leur contenu. Ce qui m'importe surtout c'est de les écrire, puis de tenter de voir si ma vie, en se consacrant pour un temps à cet assemblage de mots remués par les soulèvements de l'esprit, en ressort elle-même rehaussée. Bon sang, pourquoi me faut-il donc toujours me hisser jusqu'au parterre d'astres que picore le toit? Mais, enfoncé dans mon fauteuil, oubliant l'intimidante présence des caméras et des micros, j'ai été frappé de stupeur en écoutant ce jour-là Monique Proulx parler du métier d'écrivain. «L'écrivain, confia-t-elle, doit être un architecte rigoureux dont le premier devoir est de rendre ses obsessions intéressantes. Son rôle est d'arrêter un peu les gens dans leur course vers le néant, de les forcer à s'immobiliser et à regarder derrière les apparences; mieux, de les amener à effectuer une traversée des apparences. Il est là pour soulever le voile.» Oh, mon Dieu, c'était comme si le ciel tout à coup, retrouvant son amour pour l'humanité, recommençait à parfumer les réverbères, les arbres et les gouttières. Je me souvenais en m'imprégnant des paroles de Monique Proulx que je n'en avais pas fini avec certains aspects de la beauté.

Chaque automne, un vieux pommier s'allume derrière chez moi. Plus les années passent et plus j'y songe comme à un bougeoir à branches éclairant de sa lueur le ciel nocturne qui remue au-dessus de la maison. Oh, mes parents, qui depuis dix ans séjournez sous la terre du petit cimetière, qu'apercevez-vous entre les bardeaux du toit et les premières succursales de ce ciel? Que me restera-t-il au moment de passer comme vous derrière la tenture des feuilles mortes? Déjà je ne suis plus que cet homme dont le dos se courbe sous le poids d'une certaine dette, épuisant sur la terre ses modestes réserves d'enfance. Quand donc devrai-je renoncer à mes mains encore chaudes d'avoir longtemps caressé le fanal d'un museau? Surtout, aurai-je encore à la fin dans la mémoire le regard des amis qui me dévisageaient parce que j'accordais à la beauté des paroles plus d'importance qu'aux tremblantes pages de ma vie?

\*

## Note de l'auteur

*André Major et Dany Laferrière sont évidemment bien réels. Les événements auxquels je rattache chacun d'eux dans mon histoire ne le sont pas cependant. Rien n'indique par ailleurs que Dany Laferrière possède en réalité la faculté de clairvoyance que je lui prête dans cette sorte de songe éveillé que j'ai mis en mots, ou que son goût pour la bouteille soit à ce point développé. Précisons, en outre, que je n'ai jamais été l'employé d'un éditeur, et qu'il ne me semble pas avoir connu de chien répondant au nom de Zorro. En revanche, il est vrai que l'œuvre d'André Major n'a cessé de me séduire, précisément parce qu'elle puise sa force à même l'humilité solaire de son auteur, et sa conscience si fine du temps qui passe. Ce que je raconte d'autre part à propos de Véronique Marcotte et de Monique Proulx est parfaitement vérifiable, y compris les circonstances entourant ma rencontre avec elles. Ainsi demeure la forte impression que fait sur moi depuis le début Véronique*

Marcotte, et ces astres arrêtés sur ses épaules de toile. J'ose dire, enfin, que je ne me lasse pas de relire les paroles de Monique Proulx rapportées ici, et qui ont bel et bien été prononcées par elle, au cours d'une entrevue accordée à Francine Bordeleau pour la revue Lettres québécoises (numéro 70, été 1993).

# BLANCHE AVEC L'INTÉRIEUR BOURGOGNE

*Simon Dumas*

Alors, quel genre?

Moi? Mon genre? Eh bien, disons que je suis du genre sympathique, affable. Enfin, je pense. Ça veut dire quoi, exactement, «affable»? C'est vrai, on répète ce qu'on entend, puis on se rend compte à la longue qu'on connaît pas vraiment le mot, qu'on fait juste répéter une formule. Bon, je dis ça, c'est probablement parce que je suis du genre à me poser des questions. Il y a plein de gens qui s'en posent pas et qui utilisent les mots n'importe comment. C'est comme ça que leur signification change, d'ailleurs. Est-ce que c'est comme ça que les gens changent aussi? Est-ce que c'est comme ça que je change? C'est une tout autre question. Je sais, je sais... Je reviens à la tienne. As-tu remarqué que j'ai commencé par des clichés? Sympathique, affable...

C'est toujours les clichés qui viennent en premier. Ils sont là, à flotter sur le dessus… On n'a qu'à les puiser. Les écrémer, quoi ! Même si c'est pas exactement de la crème, qu'on récolte… Bon, je suis déjà rendu aux métaphores laitières ! Excuse-moi : ta question. Je suis du genre à me laisser porter. Comme présentement, par le flot de ma pensée qui tourne, peut-être à vide, tu me diras. Où vais-je ? Je me laisse porter, c'est vrai, mais en disant ça je me rends bien compte que je résiste. D'ailleurs, si tu veux savoir, je suis du genre résiliant. Un résiliant affectif, même. Je résiste aux coups. Il faut vraiment savoir s'y prendre pour m'atteindre, il faut trouver le bouton bien caché sous des couches de… de quoi d'ailleurs ? De narcissisme, peut-être bien… Oui, c'est bien du narcissisme : je me fous de ce que les autres pensent et, conséquemment, du mal que je peux leur faire. Je fais mon chemin, tête baissée, sans égards pour ceux que je bouscule. Et puis je suis du genre à m'acheter de bonnes assurances. En fait, je suis pas sûr… C'est quoi, ma couverture ? Enfin, ce que je veux dire, c'est que je gère bien les merdes qui me tombent dessus. J'assure. Les assurances, ç'a pas rapport, c'était pour faire image. Je suis du genre à aimer les images. Et j'aime « faire image », peu importe comment… Au moins, j'ai une très bonne idée de ce que ça signifie. Pour être précis, j'aime faire image encore plus que j'aime les images. La photo, par exemple, une expo de photos, ça m'emmerde. Tu vois ce que je veux dire ? Ça m'ennuie à mourir. Vraiment, je préfère le cinéma. Mais tenons-nous-en à dire que je suis du genre à parler en images. Surtout quand l'enjeu est la séduction. D'ailleurs, à ce chapitre, je dois avoir un genre très précis, parce que la plupart du temps j'ai pas beaucoup de succès, mais quand j'en ai, j'en ai vraiment! Quand ça clique, ça clique à mort! Malheureusement, c'est assez rare. Je me dis que je dois avoir un genre inconscient parce que, franchement, consciemment, je coucherais avec presque tout le monde. Je suis de ce genre-là. Ne m'en veux pas. Cela dit, je cache bien un côté assez romantique, voire fleur bleue. Quand je m'emporte de désir, l'envie me prend souvent de déclamer des poèmes surannés où les fleurs, justement – métaphores des parties génitales –, se frenchent à pleins pétales. Souvent, c'est l'effet de surprise qui m'avantage. Si, par aventure, je me rends compte que le flot de paroles ininterrompues que je débite plaît au moins un peu à la personne en face de moi – beaucoup, c'est mieux, évidemment! –, je profite d'un moment d'inattention de sa part pour coller mes lèvres aux siennes et, dès qu'une ouverture se présente, je sors la langue. C'est important, la langue. Après tout, je suis un être de lettres. Jusqu'à maintenant, ça marche, mais il faut que je sois bien certain de mon coup. Sinon, c'est la claque assurée. Ça m'est jamais arrivé, remarque. La claque, je veux dire. Il faut admettre que l'occasion de frencher selon cette stratégie s'est juste présentée deux fois dans ma vie. Une fois, je revenais de pisser (vraiment, les toilettes de cette buvette à thématique corrida… pas fort!), j'ai pas vraiment réfléchi (il faut dire que j'étais gavé de tequila, que j'avais fait descendre avec de la bière), la personne était devant moi, je pense qu'elle allait risquer les toilettes à son tour, j'ai foncé droit sur elle, je m'y suis abouché et on s'est plus lâchés. Jusqu'au matin en tout cas. J'aime à penser que je suis de ce genre-là, fonceur, même si le reste du temps, je calcule, j'hésite, puis je laisse faire. Je me demande s'il y a seulement deux rapports à l'autre : celui de la séduction et, l'autre, utilitariste. Bien sûr, on peut combiner les deux, varier le dosage... On pourrait creuser la question, mais je me rends compte à l'instant que cette hypothèse – que j'ai soulevée à la légère –, prend pas ma maman en considération. C'est quoi, exactement, mon rapport à ma mère ? J'essaie certainement pas de la séduire. Ni de l'utiliser... sauf quand je lui demande de l'argent. Enfin, laissons tomber. Peut-être que je suis du genre à laisser tomber. Dès que ça se corse ou que ma mère entre dans l'équation...

Excuse-moi de t'interrompre, c'est que j'aimerais préciser ma question...

Oui, tu as raison. C'est vrai que je tire dans toutes les directions. Peut-être que je pourrais te répondre plus précisément en te parlant de mes amis ? Après tout, on dit que les autres sont un miroir tendu vers nous, qu'on se définit par notre relation à eux, etc. Ce qui me fait dire : les ermites, ils se définissent par leur relation aux écureuils, peut-être ? Autre sujet, je sais, je sais. J'ai des amis, donc. Parmi eux, il y a Daniel Canty. Un type humble, assez timide, qui a volontairement gommé sa particule. Son vrai nom, c'est Daniel de Canty. Un très beau lieu, Canty – c'est au Luxembourg –, et tu devrais voir le château ! Les Japonais qui l'ont acheté ont fait faire de très jolies cartes postales que Daniel collectionne. Il aime les collections, ce Daniel. Aujourd'hui, sa particule, il l'a dans l'âme. C'est un mélancolique de nature, autant dire de famille. Ses aïeux passaient leur journée à regarder les paysans travailler aux champs – les leurs, bien sûr. Ça développe la mélancolie rêveuse ! Et, comme ça

arrive souvent dans ce genre de famille, les petits traits géné-
tiques ont tendance à s'amplifier d'une génération à l'autre.
La mélancolie n'y pas échappé. Chez Daniel, c'est une tu-
meur qui, irriguée par le sang des générations, a atteint des
dimensions royales! Même s'il est seulement baron, ou
quelque chose comme ça... Cela dit, il a plus vraiment de
lien avec sa famille – si jamais il rencontre quelqu'un, il
pourra se débleuir le sang, si tu vois ce que je veux dire –,
laquelle est décimée, en passant, mais il a hérité de cette
rêverie, de ce regard comme porté au-dessus du monde.
Dommage qu'il fasse rien de tout ce temps qu'il passe à réfléchir (à quoi, je me le demande). Il produit rien. Ni livre,
ni musique, ni article : rien. La fortune familiale a disparu
en même temps que la famille elle-même, mais Daniel, en
se cherchant de la job, collectionne surtout les licencie-
ments. Le travail, c'est pas dans son ADN. C'est pour ça que
c'est moi qui paie la bière. Il aime pas trop. La bière, je
veux dire. Mais bon, je vais quand même pas lui payer du
Châteauneuf-du-Pape! On se voit régulièrement. Souvent,
Marc-Antoine K. Phaneuf et Nadège G. Forget se joignent
à nous, ou on les retrouve par hasard ; il faut croire qu'un
certain goût pour les œufs dans le vinaigre nous amène à
fréquenter les mêmes établissements. (Parenthèse « œufs
dans le vinaigre » : ça se conserve combien de temps? Sont-
ils éternels? Les œufs dans le vinaigre sont-ils les dia-
mants de l'alimentation? Et la langue de porc marinée?
Peuvent-ils être considérés comme une bonne denrée post-
apocalyptique? Fin de la parenthèse.) Bon, je reviens au
couple Phaneuf-Forget. Si j'en crois leur histoire, ils se sont
rencontrés chez Yvette. La Patate chez Yvette (ç'aurait pu

être « Yvan des frites », mais Yvette a eu le bon goût de naître femme). Ils se sont fait la cour au-dessus d'un moineau-saucisse pour lui et d'une guedille aux œufs pour elle. Le tout accompagné d'un casseau des frites maison qui faisait alors la renommée d'Yvette. Nombre de moineaux et de guedilles plus tard, Marc-Antoine a trouvé le courage d'aller voir le père de Nadège. Ils se sont mariés en 1973. J'aurais voulu être là ! Le couple Phaneuf-Forget a jamais été hippie, plutôt avant-gardiste ; leurs noces avaient déjà des accents disco. Ces années-là, Marc-Antoine et Nadège les ont eues folles et décadentes : partys où on boit du cognac comme si c'était de la bière, partouses sans la bullshit peace and love, effervescence des drogues chimiques, tu vois le genre. Vraiment, j'aurais voulu voir ça ! Marc-Antoine dans ses habits bon chic synthétique et Nadège en hôtesse décolletée à froufrous. Mais bon… je suis né l'année de leurs noces, alors les *seventies*, pour moi, c'est quelques jouets à moitié enterrés dans un carré de sable derrière un bungalow quelconque d'un village quelconque. Ç'aurait pu être n'importe quand entre l'invention de la télé et celle d'internet : les deux plus grandes inventions depuis le pain et les jeux. Sans blague, les médias, c'est vraiment les nouveaux narcotiques du peuple ! Je dis ça, mais je suis pas du genre conspirationniste. Aujourd'hui, Marc-Antoine a l'air d'un comptable en vacances à Las Vegas et Nadège, comme toutes les femmes de son âge, faut croire, porte et supporte tout ce que lui conseille sa coiffeuse, c'est-à-dire, le plus souvent, des mèches blondes sur un fond de couleur. C'est presque toujours un genre d'auburn, mais ça peut aussi bien être mauve. Même s'ils sont divorcés depuis 1986 (l'année de l'explosion du Challenger, je sais pas si c'est symbolique ou pas), c'est toujours ensemble que je les retrouve, ici, où je les ai connus, comme ça, devant cette même grosse bière. Leur folle vie sociale s'est réduite à ce débit de boissons où, à force de constance, le barman en est venu à connaître nos noms, à Daniel, à eux deux et à moi. C'est drôle comme, au fil des rencontres, j'ai pas réussi à connaître plus que des portions bien circonscrites de leur vie : un passé lointain dans le cas de Daniel et les années 70 pour ce qui est du couple Phaneuf-Forget. En dehors de ces périodes-là, je sais rien d'eux. C'est même pire avec Daniel : dans son cas, c'est tout le XX<sup>e</sup> siècle qui se trouve dans le néant. De mon côté, c'est précisément ces années-là – 80-90 – que je leur raconte. Mes années. Celles de la coke et des chars laids. Ostie (pardonne le gros mot) que les autos étaient laides, dans ces années-là ! On peut dire que jamais plus haut sommet ne fut atteint que celui où trône la Ford Tempo. La seule voiture qui était encore pire était sa jumelle, la Mercury Topaz. Quelqu'un peut me dire à quoi ça leur servait, à Ford, d'avoir une filiale qui commercialisait une sous-marque dont les modèles étaient en tout point identiques à ceux de la marque mère et qui, comble de l'absurde, étaient vendus chez les mêmes concessionnaires ? À part doubler le coût de production des brochures, je vois pas. En tout cas, tout ça pour dire que j'en conduisais une, de Mercury Topaz. Blanche avec l'intérieur bourgogne. Automatique trois vitesses. Une vraie nullité, mais que veux-tu, à cette époque-là, même les Mustang étaient laides. Au moins, celles-là, elle savait gruger l'asphalte comme il se doit ; un plaisir que j'aurai jamais connu, la Topaz étant la première d'une longue série de quatre-cylindres que j'ai possédés. J'ai même eu droit à une trois-cylindres. Cette petite-là, elle y a bien goûté! Elle a rendu l'âme dans un flaque huileuse. À l'époque, j'avais pas les moyens de me payer une Mustang. Ni même une Topaz d'ailleurs: c'était celle de ma mère.

Excuse-moi encore une fois, mais t'étais pas censé te définir par rapport à tes amis?

Oui, bien sûr, tout à fait! Sauf que, à bien y réfléchir, il y a pas vraiment de lien entre mes amis et moi. C'est le hasard qui nous a assis à la même table. Si j'avais conservé des liens avec mes amis d'enfance, ce serait sûrement une autre histoire. Ceux-là, il y a bien longtemps que je les vois plus. J'ai oublié jusqu'à leur nom, et même certains visages. On dit qu'en temps perçu, la moitié de notre vie se déroule entre la naissance et dix ans (le temps est un algorithme, a dit Albert Jacquard; en simple, une année sur cinq paraît plus longue qu'une sur quarante, c'est une question de perception). Eh bien, pour moi, la moitié de ma vie est emprisonnée dans des cellules mortes (ou bien dormantes; peut-être qu'elles se réveilleront quand je serai atteint d'Alzheimer). Je suis de ceux à qui il manque toujours la moitié. Pas parce que mon enfance a été malheureuse – on m'a aimé, laissé libre de jouer, laissé faire quelques mauvais coups –, mais peut-être simplement parce que je suis pas nostalgique. C'est pas mon genre. Ou alors, c'est que les rencontres marquantes ont eu lieu plus tard. Quand j'étais adolescent, ce qui me liait à mon groupe d'amis était cette obsession commune pour le cul. C'était notre seul sujet de conversation, notre seul point commun. Aussitôt que je me suis intéressé à autre chose, je me suis rendu compte à quel point j'avais rien à voir avec eux. Et c'est comme ça que j'ai gardé aucun lien avec les personnes qui ont peuplé mon enfance, puis mon adolescence, aucun lien avec les gens de mon patelin. Sauf avec ma famille, bien sûr. Enfin... ma mère. Je la vois pas assez souvent, ma mère. Il faut dire qu'elle parle pas beaucoup, et encore moins depuis son attaque. À vrai dire, elle parle plus du tout. Mais même avant, elle disait toujours que je parlais pour deux. Alors, elle se taisait. Parfois, elle disait aussi que je parlais pour rien dire.

Ah non! Je t'arrête tout de suite, tu vas quand même pas tomber dans le pathos! De toute façon, c'est pas de ça que je voulais parler. Que tu sois affable, que tu aies des amis, une mère, des autos des années quatre-vingt, tout ça, je m'en fous! On doit narrer ce texte ensemble – je dis bien «ensemble» –, et toi, tu pars dans une diarrhée rhétorique des plus ringardes. Je voulais savoir c'est quoi ton genre – masculin ou féminin –, afin de bien camper nos instances narratives dès le départ. Mais toi, en précoce que tu es, tu décolles avant même d'entendre le coup de pistolet! Bon, de toute façon, on peut dire que tu as très bien – et très longuement – répondu à la question : tu es clairement un gars!

Ben non, c'est pas si évident!

Allez! Me charrie pas! La séduction, les grosses voitures (ou le manque d'en avoir une grosse), les anecdotes de taverne... il manque juste le hockey!

Mais non, je pourrais très bien être une lesbienne butch, par exemple. Je me rappelle qu'une fois, quand j'étais enfant, dans mon village, ma mère m'a chicané parce que j'avais sous-entendu que la pompiste du village était une lesbienne. Elle m'avait patiemment expliqué qu'il fallait pas encourager les clichés et que l'habit fait pas le moine. Cela dit, au final, cette pompiste s'est avérée lesbienne. La seule du village. Et butch par-dessus le marché ! En parfait accord avec son look et son métier.

Où veux-tu en venir, encore ?

Je suis une butch. C'est là que je veux en venir.

C'était donc toi, la pompiste, puisque tu as dit que c'était la seule lesbienne de ton village.

Fine observatrice !

« Observatrice » ? J'ai jamais dit que j'étais une femme !

Si j'en juge à ton caractère pointilleux et irritable, tu es clairement une fille !

Ben tu sauras que non ! En fait, j'ai pas de genre. Je suis un narrateur omniprésent !

Ah bon ? Extradiégétique et tout le tralala ? Tu aimerais bien ça, être Dieu, hein ? Voir dans ma tête… Tu parles d'instances narratives, mais je te ferai remarquer qu'il s'agit finalement d'un dialogue. Il n'y a pas, à proprement parler, de narrateur. Et toi, tu es un personnage comme moi et, si t'as pas de genre, ça te relègue à la catégorie « autre » du spectre LGBT(A).

Eh bien, nous voilà bien engagés !

Je te le fais pas dire ! Veux-tu un œuf dans le vinaigre ?

Oui, je veux bien. Mmm… Je me demande si la poule qui a pondu cet œuf est encore vivante…

Dis donc, on laisse faire ?

Laisser faire quoi ?

Ils se turent un moment. L'un mastiquait encore son œuf dans le vinaigre sans vraiment l'apprécier, l'autre abîmait son regard dans le vide. Peut-être auraient-ils dû mieux se préparer avant de se lancer... mais bon, quelle était leur responsabilité réelle? Ils auraient pu facilement décider de s'en laver les mains. Ils décidèrent plutôt de laisser tomber. Peut-on vraiment les blâmer? Assis sur des surfaces indéterminées, dans un lieu qui n'est pas précisé, ils contemplèrent pour la première fois la possibilité de leur non-existence. Mais ils avaient tort, puisque la parole fait surgir. N'est-ce pas là l'enseignement principal de la Bible? En tout cas, le seul fait que Jésus lui ait adressé la parole a suffi à faire tomber ce pauvre saint Paul de son cheval. Le souffle de Dieu est un puissant organe. Bien sûr, Jésus parlait depuis le ciel – du haut vers le bas, donc –, et cela pose la question du lieu de l'énonciation. Or, dans ce cas-ci, comme on l'a dit, il est indéterminé. C'est à moi qu'il reviendrait de le dessiner, mais à quoi bon, puisque nos deux lascars sont des lâcheurs. Je les laisserai donc dans ce vide interdiégétique et m'en retournerai à mes autres besognes.

C'est qui, ça? Tu le connais? D'où il sort?

Aucune idée.

# LA TAVERNE À SIGOUIN

*Fabien Cloutier*

De mémoire, ç'a parti de même :
— Y reste-tu des chips?
— J'pense pas.
— J'aurais mangé des chips.
— T'as dû en manger trois sacs. Les nerfs.
— Va chier. Pas trois sacs.
— Oui, trois sacs. Tu vas fendre, ostie. Slacke les chips.
— Tu comptes comment j'mange de chips astheure?
— Je compte pas comment tu manges de chips.
— Heille.
— On est assis un en face de l'autre, je l'vois, comment
tu manges de chips, pis t'en a mangé trois sacs.
— Va chier.
— Va chier toi-même.
— … Deux et demi peut-être, mais pas trois.

Mon chum Dan adore les chips. Réussir à se clancher un sac de chips d'un bout à l'autre, pour lui, c'est source de fierté. Comme quand il fait du char avec Picard pis que Picard roule tranquillement à côté d'un cycliste pis que Dan réussit à lui lancer un verre de pisse. De la vraie pisse. Ça le fait rire. Ça le rend fier. Bon, on rit aussi un peu. Parce que la face d'un gars en suit de bécyk qui reçoit un verre de pisse, c'est pas fondamentalement drôle, mais y'a quelque chose de drôle. Et si on se concentre ben fort juste sur ce petit quelque chose de drôle pis qu'on oublie que c'est crissement imbécile de jeter de la pisse sur quelqu'un qui a rien fait de mal, y'a moyen de rire un peu.

Dan aime aussi détruire des jardins pendant la nuit. Je dis « jardin » pour « potager ». Dan est un vrai saccageur. Il arrache tous les plants et fait un tas de stock arraché directement sur le perron du propriétaire du jardin. Et il attend que le pauvre gars se lève le matin pour lui voir la face tomber devant ses efforts qui fanent sur son perron. Et Dan nous conte ça, nous imite les faces pis les cris du monde fâché ben noir devant leurs légumes arrachés. Ça aussi, ça nous fait un peu rire.

Mais ce soir, je sais pas. Je suis tout seul avec Dan et je ris pas de ses niaiseries. On dirait que les sacs de chips vides me disent que ma soirée pis ma vie sont vides. Moi pis Dan évachés dans nos divans sales pis notre vide pas plus propre. Ça me fesse particulièrement, ce soir. On va passer le reste de la soirée à essayer de remplir le vide avec un jeu un peu spécial.

— Fuck, c'est sale, ça. Comment veux-tu je réponde à ça?

— C'est le jeu, crisse. Pas de réponse, tu peux pas faire de question.

— Fuck. Eh… Crisse, euh, j'ai pas le choix, ma mère a meurt.

On joue à un jeu qu'on a baptisé : Ta mère a meurt. On est de même. Pis y'a pas de sens caché dans le nom. Ça veut dire ce que ça veut dire.

— Tu y as-tu déjà dit, à ta mère, comment a mourait de fois dans une semaine?

— Es-tu malade?!

— Bon. Envoye, mon fin-fin, t'as droit à une question.

— Faut-tu tout le temps ça finisse par « ta mère a meurt » ?

— Ben oui, ostie d'niouf, ça fait des mois qu'on joue, les règlements changent pas.

— All right.

— Ta question?

— Faut j'y pense.

— C't'u pour c'te nuite?

— Oué oué.

— J'sais pas mais j'ai l'impression que ta mère sniffait du gaz à pleine tinque quand était enceinte de toé parce qu'ostie qu't'es lent.

— C'est beau, je l'ai.

— Shoot.

— OK. T'as le choix entre… manger les bobettes sales séchées de la bonne femme Vaillancourt ou…

— C'est qui, ça?

— Euh, tu connais pas Ludovic Vaillancourt?

— Ostie de nom laitte.

— C'est le tata à l'école qui est dans tout' les estie de comités de pastorale pis dans l'affaire de recyclage. Y se tient avec le frère à Jumbo.

— Ça me dit de quoi.

— Ben c'est sa mére.

— Correct, mais ça me dit pas plus c'est qui c'te bonne femme là.

— À travaillait à' poly dans le monde qui s'occupe des mongols, mais là est rendue bibliothécaire.

— Y'en a deux bibliothécaires.

— La grosse.

— La grosse grosse ou la grosse?

— La fatigante avec les cheveux coupés comme un gars que le monde pense qu'est lesbienne.

— Oui, j'sais c'est qui, là.

— Bon. Ben t'as le choix entre manger ses bobettes sales séchées à elle ou...

— Tabarnac que t'es rough.

— Ou, mettons, euh, j'pisse dans une bière, j'viens dedans pis faut tu boives ça, ou ta mère a meurt!

(Vous avez remarqué, j'espère, que la pisse, le fécal pis ces affaires-là, c'est ça qui poppe en premier dans le cerveau à Dan.)

— Câlisse! J'veux pas que ma mère meure, moé.

— Ben c'est le petit mix de bière ou les bobettes sales!

— J'vas prendre les bobettes sales.

— Ark, tabarnac! C'te grosse ostie là j'suis sûr que la noune y sent le vieux plat de vers de terre oublié dans l'char!

— Ah pis non, câlisse: ma mère meurt!

— Quoi ?!

— Ma mère a meurt, ostie. Je peux pas me dire que j'vas manger ça. Ma mère a meurt.

Gros rire gras, pis finalement je lui redonne des chips. Vide. Gros vide laitte. Pis tu finis par t'épuiser du jeu. Pis tu reviens chez vous. Ta mère se lève pour te demander si ça va bien. Pis tu te dis dans ta tête soûle pis gelée que tu l'as imaginée morte juste pour une affaire de bobettes sales. Pis tu t'endors mais tu dors ordinaire. Tu dors cheap.

*

— Quand même qu'y ferait cent degrés dans le campe, va falloir qu'a le trouve. Quelle adresse tu veux y donner ? « Tu prends la sortie Gallaway, tu montes jusqu'au rang des Grèves, tu vires à droite, pis tu files jusqu'au rang 3. Tu fais à peu près mille pieds pis là, à droite, y'a comme une entrée mais c'est pas une entrée. Tu te parkes sur le bord du rang pis tu suis la p'tite trail pendant à peu près dix minutes jusqu'à un campe, qui fait à peu près dix par dix. » À va se pardre dans le bois, crisse ! C'est sûr ! On va avoir l'air fin quand va falloir expliquer à' police pourquoi on a trouvé une pute gelée dans notre trail.

C'est pas mal ça que je dis. Avec à peu près ces mots-là. Vous avez compris l'essentiel de ma pensée : la nouvelle idée de mon chum Dan, c'est de faire affaire avec une professionnelle du sexe et de l'inviter à notre campe. Je sais pas où il a pêché ça. Pas dans *Rires et délire* ni dans *Les anges de la rénovation* certain. Parce que les maisons qu'ils retapent dans *Les anges de la rénovation* lookent pas mal plus que notre campe. Notre campe, en gros, c'est une cabane de dix par dix au milieu de nulle part (ben, au milieu du bois) bâtie en stock volé. C'est isolé. Ç'a été de la job, de sortir trois rouleaux de laine rose de la maison en construction du quartier en bas de l'autoroute pis de charger ça sur le quatre-roues du père à Dan, mais on a réussi. On a volé le poêle aussi. Bref, on est des voleurs. Des petits voleurs d'affaires qui se remplacent. Genre on volerait pas le cuivre sur des pierres tombales. Ça, on respecte ça. On a des genre de principes. Anyway. Pis là dans notre campe isolé, Dan veut faire venir une prostituée. Pis pour que ce soit plus le fun, il veut tirer au sort qui va la baiser. C'est le genre d'idée que Dan peut avoir. Dan est, je pense, influencé par la légende de Gagné, qui se serait fait sucer par trois filles devant ses chums le soir de ses dix-huit ans. Ça, Dan trouve ça très hot. Je suis moins ce genre-là. Je dis non. Ça crée entre Dan pis moi ce que j'appellerais un frette. Mais je m'assume : j'embarque pas dans cette idée-là. Pantoute.

*

On se voit pas beaucoup pendant quelques semaines, Dan pis moi. Je pense qu'il est en crisse que je sabote son projet. Le temps passe. Son idée de prostituée me sort de la tête comme un paquet d'idées connes qu'il a eues depuis que je le connais. Pis un jour, parce que janvier est long pis plate sans un chum pis que Dan me dit que y'a de quoi de gros à me dire, on se donne rendez-vous au campe. Ça sort :

— J'ai pensé à ça tout le temps, moé, la plotte qui allait venir pour notre trip qu'on va se faire. Pis là j'ai pensé que si c'était moé qui était pigé, fallait que je puisse fourrer top shape, pis crisse c'est un party, m'a avoir envie de me péter la face un peu. Mais crisse, le pot, moé, quand c'est le temps de fourrer, ostie, je manque de gaz. Probable que j'en fourrerai pas trente, des putes, dans ma vie, faque je veux m'en rappeler pis pas m'endormir avant de venir. Faque ostie je me suis dit fuck tabarnac, ça nous prend d'la coke pour se payer un crisse de trip.

On dirait que Dan se rappelle pas que j'ai dit non. Y part de son bord pis la réalité s'ajuste à ce qu'il a dans sa tête. Il est comme ça, Dan. Est-ce que je vous ai dit qu'il a seize ans ? Moi aussi.

— À matin je m'en allais vers l'école quand j'suis passé devant la Taverne à Sigouin. J'ai vu le Mustang noir à Beblanc dans le parking, faque ç'a comme été plus fort que moé dans ma tête pis toute pis j'suis rentré dans' cour. Le cœur me débattait, tabarnac, j'étais nerveux, calvaire, je sentais que, crisse, c'était comme si y s'passait d'quoi dans ma vie, faque chu rentré. C'était ben plein parce qu'ostie, à peine si c'est plus grand qu'icitte. J'vois Beblanc ! Beblanc !

Beblanc, c'est une légende vivante. Le gars fait un gros party chaque été où y fait brûler des chars. Oui oui, un feu de chars. Je connais un gars qui a vu ça. Trois chars pilés un sur l'autre, Beblanc qui monte sur la pile, se met en bédaine, plante un drapeau de pirate dans le hood du char du dessus, descend, vide du gaz dans le char d'en bas, part le feu. Ça boucane noir, ça explose pis y'a un stage en palettes pour le band hommage à System of a Down à cent pieds.

Mais le gars qui a vu le feu de chars à Beblanc avait aussi dit ça : « C't'un dangereux du tabarnac, c't'ostie-là ! Je l'ai vu calvaire rentrer chez nous, j'ai vu tabarnac la face à ma mère quand Beblanc gueulait après parce qu'y cherchait mon père. Je l'ai vue à genoux crisse y demander de rien y faire à mon ostie de père sale. Pis c'te gros tabarnac là, y y passait le batte de baseball en dessous du menton pis ma mère ostie à l'a donné tout ce qu'a l'avait. »

Tsé, pis comme Dan est comme le Québec, y se rappelle juste des bouttes qui font son affaire. Faque la dangerosité de Beblanc, pour lui, c'est parti dans l'univers.

— Beblanc, tabarnac, comme, ostie, à dix pieds de moé accoté au bar en train de jaser avec la waitress. Une crisse de femme, mon gars. La jupe rase-touffe pis une camisole moulante, a tombait su'es pines chaque fois qu'a l'ouvrait le cold.

Pis Dan, il est impressionnable. La Taverne à Sigouin, je sais même pas si c'est une vraie taverne. C'est une cabane sur un champ de pratique de golf en été pis un bar pour les ski-doo en hiver. Tout le monde appelle ça la Taverne à Sigouin. Dans l'annuaire, ça s'appelle Bar le Birdie. Mais l'annuaire c'est de la marde. Ce qui est officiel, c'est ce qui existe dans la tête du monde. Faque ça s'appelle la Taverne à Sigouin pis that's it.

— J'vas voir Beblanc, tabarnac y m'dit que je peux m'assire avec lui, j'capote man. Y m'paye une grosse bière, deux saucisses dans le vinaigre pis trois topes. Je peux-tu vous dire que ç'a pas ben passé, j'pas habitué à fumer le matin, moé. Ce gars-là me prend pas pour un trou d'cul, y fait ça comme si j'suis un real one. Y me donne trois grammes ! On peut payer plus tard, c'est pas un trouble, y'a rien qui presse. Y me l'a dit.

— Ça vaut combien, tes trois grammes? Une jambe? Un bras?

Y'a pas de stress pour Dan. La vie est belle. Les jambes émiettées à coups de batte de baseball, y'a rien là. Dan pense que Beblanc est un gars ben correct. Mais Beblanc, c'en est tout un. Y'a queques étés, y'est sur son bike, ben soûl, même si y'a pété la balloune trois semaines avant, pis y roule à cent cinquante dans le village de Sainte-Alexina. Paf! Y rentre dans le container du dépanneur pis y s'effoire une vingtaine de pieds plus loin comme une grosse guenille molle sur l'asphalte. Le coma, toute la patente, pis après y'est déclaré invalide parce qu'y'a pu toute sa tête. Y s'entraîne, y vient avec des gros crisses de bras pis y se met à travailler pour les Hell's. Pourquoi? Juste parce que ça y dérange pas de péter les jambes du monde qui paye pas. C'est de ce gars-là que Dan vient de se faire fronter trois grammes de coke. Fuck. Fuck de fuck de tabarnac de crisse de marde de câlisse. (J'en mets en masse, je suis vraiment en tabarnac pour de vrai.)

— Pis tu vas le payer comment, Beblanc, crisse de p'tite tête de bébé qui a manqué d'air?

— Y peut attendre! Y peut attendre. Pis j'y ai parlé de notre projet de filles. Y'a des contacts, lui, là-dedans. Ben, y connaît plein de monde, lui, pis y nous trouvait hot en estie avec notre idée de la fille, mais y se demandait pourquoi on se contentait de yinqu'une faque y'a appelé quelqu'un là, un gars, j'sais pas, qui... genre on aurait un bon rabais si on en prenait deux. J'ai dit oui, moé crisse, j'pensais que tu serais content de moé, je faisais ça parce qu'ostie t'es mon chum pis crisse je voulais te faire plaisir estie. Me semble que c'est un pas pire arrangement. J'ai la coke, pis je leur ai expliqué comment venir icitte, les deux filles vont être là à soir. J'me disais…

— T'a pas pensé, calvaire, à la quantité de cash que ça veut dire, trois grammes de coke pis deux putes?

Dan est poche en maths. Dan, en fait, est poche en toute. Y veut voler de l'argent pour toute ça mais moi, les affaires risquées, ça me tente pu. C'est qui qui a été pogné pour couvrir des livres à' bibliothèque municipale pendant deux jours la fois qu'on s'est fait pogner à voler une boîte de cinq cents vis à' quincaillerie? Moi. C'est gênant en tabarnac, les travaux communautaires. Après la sentence, Dan, philosophe, avait dit: «Y'a des vieux plissés qui ont fourré des filles plus jeunes que nous autres pis c'est à peu près ça qu'y'ont faite, deux jours de travaux communautaires.»

Ça, c'est un autre sujet.

Pis anyway, j'ai dit non pour les putes depuis un bon boutte déjà pis j'ai pas envie de me câlisser de la marde blanche dans le nez. Pis pourquoi y nous donne ça, Beblanc? C'est pas clean.

— Là, mon Dan, tu vas repartir vers la Taverne à Sigouin avec la coke, tu vas aller voir Beblanc, tu vas y dire que tu veux pu ça pis que les filles c'était pas une bonne idée. Pis tu t'excuses. C'est toute. OK?

— Fuck! Non!

— J'embarque pas.

— S'il te…

— Non tabarnac. C'est-tu clair? Astheure va régler ça.

— OK...

*

On est au campe. Dan est revenu de la Taverne à Sigouin. Il m'a fait signe que oui, il a redonné la coke pis non, y'aura pas de prostituées icitte à soir. Mais Dan dit pas un mot. Un gars qui parle tout le temps, quand ça parle pu, ça regarde pas ben. Il s'est passé quelque chose là-bas que Dan me dit pas. Je pose des questions. Je veux savoir, mais Dan dit rien. On est encore dans du vide. Y se lève, sort dehors, je le regarde. Dan lève la tête au ciel pis y crie. Longtemps. Juste vous dire, c'est pas commun pantoute. Y crie encore, s'arrête pis vomit. Encore. Pis y se met à brailler. J'approche. Il sanglote.

— On redescend à' Taverne. Pis on met le feu.

*

À quatorze ans, t'as pas tout ce qu'il faut pour gérer les pensées suicidaires de quelqu'un. Dan ferait peut-être les choses différemment aujourd'hui mais il y a deux ans, quand il a appris que son grand frère filait pas, il a mis toute sa confiance en son père pour régler l'affaire. Mais le père à Dan, c'est pas un homme de mots. Pas sûr qu'il a eu ben des conversations avec son fils aîné. Mais il avait quand même peur, lui aussi. Assez pour se débarrasser de toutes les cordes de la maison, de toutes les rallonges électriques, de tout ce qu'un ado désespéré peut utiliser pour se pendre avec. C'était sa méthode. À défaut de travailler sur la cause, il essayait d'ôter

les moyens. Le jour de sa dernière journée d'école primaire,
Dan bondissait vers la maison. Finir le primaire à quatorze
ans, c'est dur sur l'orgueil, mais bon, Dan avait doublé deux
fois. Il est arrivé chez lui, a laissé tomber son sac à dos par
terre et s'est dirigé vers le garage pour aller ramasser son bécyk.
(Il en faisait encore à ce moment-là, il avait pas commencé
à arroser les cyclistes avec sa pisse.) En tout cas, il arrive
dans le garage pis son frère apparaît, pendu dans le vide.
Les pieds qui flottent au-dessus du plancher dans le sens des
pieds des ballerines. Dans notre coin, on disait : y s'est accroché. Le père avait oublié de cacher les câbles à booster.

✻

La Taverne à Sigouin, c'est mort. La cabane est encore là, je
veux dire, ç'a juste changé de propriétaire. Un gars qui fait
pousser des sapins de Noël a acheté ça pis le champ de pratique de golf est rendu ben plein de sapins. Le spot où le
Mustang noir à Beblanc a brûlé paraît même pu. Et les
jours m'usent toujours autant qu'avant.

# L'ANNÉE DES PUNAISES DE LIT

## Bertrand Laverdure

> Tout est de la peur, je me souviens [...]
> JEAN-MARC DESGENT

J'ai peur.

Pas une peur de manège, mais une vraie peur de corps. Qui plaque la dentition au sol avec la vigueur d'un carnassier. Une peur noire, sans dilution de blanc. Une seringue pleine d'air plantée dans le bras par un clown dans un sous-sol en béton, film tourné en Ukraine, avec un titre court et violent.

J'ai peur à trembler le soir, la gueule pâteuse, le désir de survivre heureux à off avec des bleus dans la tête. Les gens voient la pâleur de mon regard qui inspecte la rue en victime potentielle. Ma sensibilité aux menaces, à la violence est en mode alerte grave. Toute personne que je croise sur le trottoir est un tueur en puissance, un envoyé en mission morbide. Je vous suspecte déjà.

Mes images ne sont que de la colle Lepage entre deux morceaux de métal. Ça ne fonctionnera jamais dans vos têtes rieuses, vos têtes de laisser-aller naturel. La peur, c'est toujours pour rire, on comprend mal ça, vous croyez que c'est une maladie hallucinatoire.

Pourtant j'ai peur. Sérieusement. Sincèrement. Je ne veux surtout pas retourner chez moi.

Rien ne nous prépare à notre première menace de mort.

\*

« Tu tiens ta vie entre tes mains. »

C'est la dernière phrase qu'elle m'a écrite. Juste ça. Après m'avoir soutiré une somme d'argent appréciable pour mon maigre compte en banque, elle récidivait, m'en demandait plus, puis les menaces sont arrivées, sèches, raides, violentes, et je l'ai bloquée.

Je tremble. Mon portable est éteint. Pilori et scène de la honte, la machine ordinaire est là, devant moi, décérébrée, vecteur de mort et injecteur d'émotions intolérables. Je desquame mes pouces avec une énergie autodestructrice, mon cœur est gêné, ma tête sent la marde, ma tête n'est plus qu'un tas de marde avec des yeux à faire peur aux enfants.

Difficile de se confier à un ami quand on a l'impression d'être le dernier des cons, la pire des farces, un insignifiant colporteur de la bêtise ou un obsédé sexuel de type lambda.

Mais à quoi bon attribuer de la solitude en doses égales, bien la répartir en sous-classes de gens pauvres et moins pauvres capables d'aller chercher des prêts à la banque en moins de cinq minutes pour remboursement en quarante-huit mois si cette solitude n'intéresse personne? Bien que ce soit l'essentiel du produit international brut en libre circulation et non taxable le plus en vue, la solitude, cet immense réservoir d'énergie perdue et d'angoisse – mauvaise conseillère – ne contente jamais personne.

Le monde est sauvagement complexe, et la culpabilité est un réflexe-suppositoire que nous fourre une mère prévenante qui souhaite nous guérir de nos ambitions. Les miennes, pauvres ambitions de journaliste dignement rémunéré dans un quotidien respectable que les matantes et les mononcles connaissent, ont été depuis longtemps reléguées aux dizaines de boîtes et de sacs de recyclage abandonnés aux sites d'enfouissement.

L'important est de ne pas peser sur la conscience des autres trop longtemps. Il faut se garder beaucoup de capital de sympathie pour le futur, en prévision de nos maux physiques et de notre décrépitude mentale. Il faut apprendre à se taire au bon moment. Certains criards s'imaginent le contraire et se comportent comme des courtiers en Bourse, crachant sans cesse leurs demandes et leurs insatisfactions à la face du monde.

Je ne suis qu'un plaignard de plus sous la voûte céleste. Un énervé de ses propres malheurs. Si je crache, c'est parce que ma gorge est obstruée de nourriture en forme de déjà-vu. Si je m'étouffe, c'est parce que je n'ai jamais su comment ravaler mes déceptions.

*

Au Camellia Sinensis, j'essaie de me calmer. Je sirote un Rou Gui, un Wulong doux au goût de caramel brûlé. Ma solitude n'émeut personne. Les animaux nous émeuvent, pas les problèmes insolubles ou trop anecdotiques de nos semblables. L'insatisfaction est rédhibitoire tout autant que le succès. Et les gens ordinaires, sans secousses vitales ni trémolos, attisent notre ennui. En définitive, il n'y a pas de solution facile : les autres sont toujours un fardeau.

Bons élèves, nerds, intellectuels asexués, marginaux libidineux, réservoir des étudiants sages en quête de sapidité chaude, vieux excentriques aux amours de coopération internationale au Mali ou amateurs de Darjeeling 58… L'atmosphère studieuse fait penser à celle d'un club catholique dans les vieux collèges classiques. On a toujours l'impression que quelqu'un va se lever, câller une messe ou dessiner un mandala. Mais un gong nous menace sans cesse si le ton de nos voix dépasse la limite permise. Nous sommes surveillés, même dans les lieux de méditation.

Il est 18 h 45. Je me suis évadé de mon appartement depuis 16 heures. Mon arnaqueuse m'angoisse encore, mais je commence à métaboliser mon échec. Je rumine : ma honte d'abord, puis ma naïveté. Dans l'ordre.

Mon cellulaire sonne. Je dégaine le bout de plastique avec métaux rares et radioactifs.

« Monsieur Savannah s'il vous plaît. »

Un inconnu avec un gros accent africain.

Je panique. Je raccroche. Ça y est, je suis traqué.

*

Tout a commencé par une anodine demande d'amitié sur Facebook.

J'aime les filles à lunettes. Elles m'excitent. Ce sont des réalisatrices accomplies, elles font des plans pour cadrer le monde. Généralement, elles aiment aussi faire des films dans leur tête quand elles sont nues. Bref, elles sont plus vivantes que les autres.

Son nom : Amélie Brisebois. Tout ce qu'il y a de plus inoffensif. Photo sage extraite d'un portrait de la famille élargie, apparemment. Jeune femme fin vingtaine, début trentaine. Lunettes carrées de femme sophistiquée et carré de soie multicolore même pas quétaine au cou. Une femme algébrique; incidemment, elle a indiqué comme profession «comptable». Elle semble de bonne tenue, avenante et sérieuse. De plus, elle a comme ami mon propriétaire, qui est un gars bourru, parfois toqué, mais qui possède à tout le moins un excellent jugement.

J'ai accepté la demande d'amitié. Presque immédiatement, j'ai reçu un message dans ma boîte de discussion privée.

Elle : Salut

Moi : Bonjour

Elle : comment tu va ? [*sic*]

Moi : est-ce que je vous connais ?

Elle : Je viens pas long de cree mon facebook et juste a droite de mon écran j'ai vue ton profil comme ta l'aire beau voilà pourquoi je tes ajouté cela te gène qu'on soit amis ??? [*sic*]

Moi : Non

Elle : Je suis comptable et célibataire sans enfants et toi ?

Moi : moi aussi, célibataire sans kids

Elle : ah je comprends

Moi : Tu ne travailles pas aujourd'hui ?

Elle : Moi je me sens beaucoup ennuyer ce soir chez moi alors donne moi ton skype je vais t'ajoute on voir juste quelques minute si ça te tente pour su sex cam je suis chaude [sic]

Moi : Préfères-tu parler en anglais ?

Elle : Ajoutes moi sur skype co_tandem [sic]

Moi : habites-tu à Montréal ?

Elle : Oui bien sur [sic]

Comment peut-on pardonner à quelqu'un de massacrer le français de la sorte ? Où se situe le point de rupture à partir duquel mon pénis a commencé à penser à ma place ? Quand suis-je venu à la conclusion que cette fille était sans doute une allophone portant un nom francophone, qu'elle était tout à fait charmante et qu'elle souhaitait honnêtement entreprendre avec moi une séance de sexcam sur Skype ?

La détresse sentimentale, la solitude et la stimulation sexuelle sont souvent des leaders négatifs dans la vie d'un gars comme moi.

Je n'avais jamais fait de sexcam, alors je me suis dit que j'allais briser la glace, passer de l'autre côté du miroir, franchir le Rubicon.

Oui, le rubis… con.

✻

Depuis trois jours je ne dors plus chez moi ; je suis en ca-
vale. Je me protège de ma propre psychose, du mal en format
colère réseautique, des complots internationaux, de snipers
cachés dans l'ombre qui visent ma stabilité émotive et le
mince trésor qu'est mon bien-être personnel.

J'éteins mon cellulaire – je ne veux pas me faire repérer, trianguler par les satellites – et je donne rendez-vous
de vive voix à mes trois amis complices, qui acceptent de
me réconforter. Je parle peu, décide beaucoup. J'émets
des consignes. Soudainement je suis en mode *stealth*,
expliqué-je à mon ami le Grizzli, géant de six pieds quatre,
deux cent cinquante livres, maître de boxe muay-thaï.
Trois jours d'affilée que je ne dors plus chez moi. L'économiste, le Grizzli et mon propriétaire narcissique m'ont
hébergé chacun leur tour. Le soir de l'appel, alors que j'étais
au Camellia Sinensis, ma peur a repris en force, a vidé
toutes mes défenses. Orchestre symphonique en panique,
avec des instruments qui mangent tout sur leur passage,
déchirent la partition du temps, appellent de leurs notes
lugubres la venue de la mort. Après m'être buté à la vitrine
d'un poste de quartier fermé, passé 19 heures, j'ai rallumé
mon téléphone et appelé mon ami économiste.

Avec son cerveau d'humaniste baignant dans un siècle
d'églises fraîches et de compassion surannée, il a eu la délicatesse de ne pas juger ma folie et a tout de suite saisi le virus
de la peur dont mes paroles nerveuses étaient le symptôme.
Je m'attendais à ça de sa part. La bonté est le dernier rempart
contre la bêtise, la mienne aussi bien que celle des criminels. Son appartement immense avec lambrissures et œuvres

d'art partout m'a fait l'effet d'un hôpital digne des grands psychotiques paranoïaques.

J'ai pu enfin dormir dans une chambre avec porte et loquet. Cage à poule pour ma tête de fou. Au bout du lit, tous les Agatha Christie, dans la collection « Le Masque », en trois piles décomposées. À côté du lit, une table de chevet où reposent *L'esprit des lumières* de Todorov et *Rue involontaire* de Krzyzanowski. Ne pouvant pas fermer l'œil de la nuit, analysant tous les bruits ambiants, les grincements du parquet, le souffle de l'air dans les cadres de fenêtres, je me suis plongé dans la lecture.

La peur est plus vivace qu'on ne le croit. Elle pénètre avec l'aplomb de nanotechnologies dans nos vies quotidiennes, se déploie dans le désert de nos neurones pour mieux coloniser les berges de notre liberté, pauvre littoral encore vierge – mais pour combien de temps ?

*

J'entre aux Trois Barils, sur Hochelaga, dans le vieux Longue-Pointe. Bar à vidéopokers avec une machine à toutous. Je m'assois devant le chandail de hockey de l'équipe du bar, avec un Obélix qui porte trois barils au lieu de menhirs. Je me commande une grosse bière. Une Labatt Bleue. La couleur des ecchymoses, du ciel et de la déprime.

Dans mon état radical, la peur comme corvée de pierres dans un sac à dos de soldat en mission forcée, je ne pense qu'à une chose : écrire une dernière lettre pour une personne qui n'en veut pas. Témoigner du ridicule de tous les destins, du mien en particulier, à un destinataire qui n'en a rien à foutre. Lancer une bouteille à la mer pour avoir l'impression de ne pas avoir tourné comme tout le monde dans une roue à souris, quémandant nourriture, sexe, connaissances et gains territoriaux symboliques pour décorer mon identité de médailles idiotes.

Ma mesquine sœur ne recevra jamais ma lettre. Elle ignorera d'ailleurs pour toujours que je lui en destinais une. Le purgatoire de nos décisions est jonché de mots perdus.

Je n'en peux plus de m'expliquer en mode conversation. Son côté ballet de monologues m'exaspère au plus haut point.

Je sors trois feuilles de papier. Endos de trois annonces brochées sur un poteau de téléphone : un chat perdu, une laveuse à vendre, un cours de philosophie bouddhiste par un maître vietnamien. Une feuille jaune pâle et deux blanches avec languettes arrachées. Les lettres sur papier ne parviennent jamais à destination. Les courriels se recyclent, les lettres se jettent. Les secrets se brûlent et la honte se partage sur Facebook.

*

Je vois un clip de moi qui se masturbe maladroitement, en position penchée pour attraper l'œil de la caméra de mon Mac. La vidéo roule en boucle par-dessus ma fenêtre Skype, qui est maintenant muette, tableau noir. Amélie est devenue revancharde, agressive, dangereuse. Elle me demande cinq mille dollars pour garder cette vidéo confidentielle, sinon, elle expédie le tout à mes parents et amis, même aux médias.

Il y a deux minutes, je regardais une jeune femme début vingtaine se déshabiller sur Skype, se stimuler la chatte avec un dildo de bonne taille. Maintenant, je suis dans un bête scénario d'extorsion. Je nage en plein film de série B dans lequel une organisation criminelle internationale arnaque les imbéciles souffreteux de l'ego.

J'ai peur.

*

Après avoir expédié trois cent dollars via Western Union à un prête-nom en Italie pour calmer mes arnaqueurs, je décide de me présenter au poste 20 du SPVM.

Une dame obtuse, au regard de feutrine bleu acier, le sourire en coin, m'explique qu'il n'y a rien à faire, que ces délinquants d'internet procèdent à partir d'Abidjan, en Côte d'Ivoire, et que tant que je ne me fais pas agresser ou menacer par quelqu'un de l'organisation qui habite Montréal, ma plainte ne sera pas recevable.

Son sourire en coin ne s'efface pas.

Elle me dit, visiblement écœurée de me voir devant son bureau – même s'il est ceint d'une vitre pare-balles :

« Vous avez pas vu le reportage de *J.E.* sur ces arnaqueurs Facebook ? C'est juste des ti-culs qui vont dans des cafés internet. À votre place, j'y penserais à deux fois avant de vous baisser les culottes sur Skype ! »

Son sourire s'est ouvert une seconde pour se refermer aussitôt. C'est certain que pour elle je suis le dernier des cons, un imbécile heureux, un clown stupide. Mais depuis le téléphone au Camellia, j'ai perdu la raison ; j'ai besoin d'aide. S'ils connaissent mon numéro, savent-ils où j'habite ? Si cette organisation est tentaculaire, combien de complices ont-ils à Montréal ?

Arnaquer la solitude et la détresse érotique sont des sports contemporains. Les criminels ont maintenant le don d'ubiquité. Réfléchir à cette perspective est outrageusement effrayant. Mais nous faisons maintenant, en contrepartie, de plus en plus confiance à l'audace de nos désirs. C'est d'autant plus bête et triste. Plus de sept mille personnes au Québec se font prendre à ce jeu de l'extorsion érotique outre-mer. Moins de cinq pour cent portent plainte.

Il est très difficile de comprendre cette peur viscérale liée à une menace de mort, voilée ou non. Ces chaînes sont abstraites, invisibles, mais terribles et lourdes pour la victime.

Si je veux encore me regarder dans le miroir demain, il va falloir que je retourne coucher dans mon lit ce soir. Je n'ai plus le choix. Vivre, c'est oublier la peur de vivre.

En sortant du poste de police, j'ai quand même pensé au suicide quelques secondes. La honte sauvage est sans doute plus dommageable que de se faire tabasser dans une ruelle par quelques désaxés de la nuit. Certains arnaqués en Europe se sont suicidés, refusant de révéler à leur entourage qu'ils avaient donné l'essentiel de leurs économies à des « ti-culs de cafés internet » à Abidjan ou au Ghana.

*

Je bois lentement. Ma bière goûte les vieilles histoires des Pays-d'en-Haut, la pisse de raton laveur.

J'écris une lettre à ma sœur qui ne m'aime pas. Une lettre qui ne lui parviendra jamais.

Depuis quelques minutes, je me transforme en Jack Torrance sur l'endos de mes feuilles usagées :

À quoi bon, à quoi bon, à quoi bon, à quoi bon, à quoi bon, à quoi bon, à quoi bon, à quoi bon, à quoi bon, à quoi bon, à quoi bon, à quoi bon, à quoi bon… *À quoi bon, à quoi bon, à quoi bon, à quoi bon, à quoi bon, à quoi bon, à quoi bon, à quoi bon, à quoi bon, à quoi bon, à quoi bon, à quoi bon, à quoi bon… À quoi bon, à quoi bon, à quoi bon, à quoi bon, à quoi bon, à quoi bon, à quoi bon, à quoi bon, à quoi bon, à quoi bon, à quoi bon, à quoi bon, à quoi bon…* À quoi bon, à quoi bon, à quoi bon, à quoi bon, à quoi bon, à quoi bon, à quoi bon, à quoi bon, à quoi bon, à quoi bon, à quoi bon, à quoi bon… À quoi bon, à quoi bon, à quoi bon, à quoi bon, à quoi bon, à quoi bon, à quoi bon, à quoi bon, à quoi bon, à quoi bon, à quoi bon, à quoi bon… *À quoi bon, à quoi bon, à quoi bon, à quoi bon, à quoi bon, à quoi bon, à quoi bon, à quoi bon, à quoi bon, à quoi bon, à quoi bon, à quoi bon… À quoi bon, à quoi bon, à quoi bon, à quoi bon, à quoi bon, à quoi bon, à quoi bon, à quoi bon, à quoi bon, à quoi bon, à quoi bon… à quoi bon, à quoi bon, à quoi bon, à quoi bon, à quoi bon, à quoi bon, à quoi bon… à quoi bon, à quoi bon, à quoi bon, à quoi bon, à quoi bon, à quoi bon, à quoi bon, à quoi bon, à quoi bon, à quoi bon, à quoi bon…*

*

Dans leur vocabulaire, je ne suis qu'un *mugu*, une proie. Un insecte blanc crasseux et occidentalisé qu'on bat jusqu'à ce qu'il s'aplatisse sur le plancher. Futur esclave du sexe et de la réputation qu'on fait embarquer dans le grand bateau du *payback time*. Chaque jour, le brouteur rentre au travail, il se pointe au café internet et traque les imbéciles de l'autre continent. Celui des propriétaires de Résidences Soleil, du crédit à vie, de l'indécente richesse des gens qui se plaignent de leurs acrochordons.

J'ai peur, parce que la menace de mort sonne comme un masque de Jason coulé dans les mots :

*... tu vois cette vidéo elle est belle et bien de toi donc si tu essais de t'enfuir, de te jouer les durs, de me tenir tête ou de te déconnecter tu verras réellement de quoi je suis capable... Surtout n'essaie pas de fuir car cela ne fera que empirer la situation dans laquelle tu te trouve confronter car cette vidéo de toi a caractère pornographique peut causer assez de préjudices dans ta vie. Car je suis la diablesse qui est juste là pour te pourrir, donc tu ne pourras jamais t'échapper de moi partout où tu iras, si tu essaiye de te jouer les durs et de t'enfuir tu le regretteras toute ta vie... aimerais tu que cette vidéo de toi soit publié dans le monde entier? maintenant tu as le droit de faire tout ce que je te demande car si tu tiens a ta vie et si tu veux vraiment la suppression totale de ta vidéo tu as le droit de faire tout ce que je te demande... tu sais très bien que cet acte que tu viens de poser est illégal d'après l'article 25 de la loi 765465 du 7 OCTOBRE, tu sera enfermé de 5ans de prison et suivi d'une amende de 75000 \$...je veux que tu verse une somme de 5000 \$ a une ONG qui s'occupe des enfants d'Afrique...* [*sic*]

Ce soir, en rentrant chez moi, je vais caler mes clés entre mes jointures et les brandir en visant la noirceur derrière ma porte.

En état de psychose tragique, je vais m'inventer une scène d'interrogatoire avec batterie de char branchée à mes couilles et hypocrisie occidentale en guise d'énergie renouvelable. Mon bourreau aura aussi des pinces et un exacto du Dollarama. Dans les circonstances, il sera impossible de mourir sans avoir au préalable souffert comme il faut, longtemps, les yeux grand ouverts à prier les vieux jésuites de paille dans les histoires de taverne confites.

On va vous l'arranger, votre pays! Ça prend juste des bateaux de bois et des canons de fer. On va vous l'arranger, votre pays! Ça prend juste des câbles de fibre optique qui traversent l'océan et des *wise guys* avec des yeux de cobra royal.

Ma Labatt Bleue est gênée.

Elle ne comprend plus à qui j'adresse ma lettre, à qui s'adresse ma vie. Toutes nos existences sont des lettres, et on a toute la vie pour trouver à qui les envoyer. Les codes postaux religieux pullulent et le *no name bar* des athées reçoit sa dose de *junkmail*. Mais je persiste dans ma décision : je vais adresser ma lettre à une personne sur terre qui ne m'aime pas, qui va facilement trouver le moyen de me trahir, de foutre en l'air le peu de dignité qu'il me reste, d'effacer les traces éloquentes et nobles que j'aurai laissées avant d'émettre mes derniers gaz bactériens. Ça sera plus drôle que ma mémoire devienne radioactive et honteuse comme celle des Hibakusha. Je suis juste un journaliste pigiste sans envergure qui n'aura pas réussi à freiner l'indécence de sa condition, pas Lucille Teasdale ni Martin Luther King. Un autre obsédé sexuel amateur, comme il y en a dix mille à Montréal.

Ma cinquième quille est chaude.

Mon index est humide d'avoir trop écrit.

Je froisse mes trois feuilles de papier aux chiures de mouche.

Par pitié, je prends une dernière gorgée de ce liquide tiède. Ma bière est encore plus seule que moi.

L'histoire de la bière, ça doit ressembler à un tas de fruits dans un vase d'argile qu'on a oublié longtemps sous un cocotier. Une belle allégorie de l'abandon.

Le suicide me semble trop ambitieux. Les autres s'arrangeront bien pour détruire mon corps social. Pourquoi j'accélérerais le processus ? Ça se fait tout seul. Avec des personnes qui ne nous aiment pas, ça va même plus vite. Qui nous aime vraiment, d'ailleurs ?

Je trouve « Taxi Diamond » dans les contacts de mon cellulaire. J'appelle.

Lorsque je vois les phares du véhicule approcher, je sais que je serai en mesure de dormir chez moi cette nuit.

\*

Cinq mois plus tard, je suis toujours vivant et la vidéo de moi en train de se crosser n'est pas sur internet.

Par ailleurs, j'attends le gars d'AXON, Nicolas, et son chien Rivarol.

À deux ou trois reprises, dans les derniers mois, je me suis réveillé avec des piqûres d'insectes, des cloques rougeâtres, à plusieurs endroits sur ma nuque, mon dos, mes oreilles et mes mains.

Je ne veux pas prendre de chance.

Mon propriétaire est prêt à payer la moitié du quatre cent trente dollars que va coûter l'inspection canine de mon appartement.

Les punaises de lit, c'est invisible si ça se réfugie dans les murs et les prises de courant.

Rivarol est capable de sniffer les phéromones des punaises à travers les murs.

J'ai déjà mis la moitié de mon linge dans le congélateur, et l'autre moitié est prête à subir un long cycle de séchage de trente minutes à la buanderie.

On va tuer les œufs.

# LE BOUT QUI MANQUE

## *Olivier Loubry*

Comme tous les mercredis soir, j'ai marché sur le vieux plancher gommé de la taverne en respirant l'odeur de houblon humide, je suis passé devant mon plus vieux client qui, assis sous l'horloge Molson, a levé la tête vers moi pour me dire sur un ton indifférent :

— Passé une belle fin de semaine ?

Je ne travaille pas les lundis et les mardis. M. Perron n'a rien à dire. Il passe tous ses après-midi ici depuis quinze ans. Si je lui racontais mes week-ends, je crois bien qu'il se pendrait. Je suis ensuite passé à côté de Solange qui, trop occupée à se faire lessiver par la machine à poker, n'avait pas remarqué mon arrivée. Je me suis glissé derrière le comptoir en vieux bois de grange. J'ai enfilé ma vieille ceinture à monnaie en cuir noir. Gilles attendait ça pour me passer sa commande :

— Un scotch, Bruce.

Ce n'est pas mon vrai nom. Au moment de commencer ce travail, dans les années 1980, j'ai vite compris qu'un Bruce recevrait davantage de pourboire qu'un Herménégilde. C'est comme ça. J'ai servi son scotch à Gilles, qui m'a demandé de mettre ça sur son bill. Peu importe mon nom, Gilles ne me donnera pas de pourboire, comme d'habitude. Discrètement, je me suis versé un shooter de Screech, que j'ai calé d'un trait. Je dois au goût divin de ce rhum de Terre-Neuve à quarante pour cent d'être un alcoolique socialement fonctionnel. Puis, j'ai commencé à laver les verres du midi en faisant attention de ne pas casser l'ongle de mon auriculaire gauche. Les histoires banales me lassent et m'endorment tant… Les clients qui se retrouvent ici n'ont pas de famille, pas d'amis, pas d'ambitions. J'ai parfois besoin d'un remontant…

La seule chose qui aurait pu faire une différence dans ma routine aurait été de croiser les ouvriers. Mais non. Ils avaient déjà réparé les dégâts de vendredi pendant que j'étais en congé.

J'étais à me dire que ce serait encore un autre mercredi somnifère quand la porte d'entrée s'est ouverte. J'ai tout de suite reconnu le client.

— T'es revenu faire un autre carnage, le jeune ? je lui ai lancé.

Il paraissait très jeune, mais son air sérieux me faisait dire qu'il devait avoir dans la mi-trentaine. Ses cheveux en broussaille, ses grands yeux verts d'enfant perdu, son visage rond et son air de gars qui vient de se réveiller le faisaient ressembler à une sorte d'Einstein junior. Il m'aurait dit qu'il passait ses journées à travailler au milieu d'éprouvettes dans un laboratoire que je n'aurais pas été surpris. Le jeune s'est avancé vers moi nerveusement. En quelques jours à peine, il avait perdu presuqe dix livres. Il a posé une fesse sur le tabouret. Son pied resté au sol m'indiquait qu'inconsciemment, il s'apprêtait déjà à repartir. Il a articulé difficilement en fixant le comptoir :

— Je suis venu pour vous présenter mes plus plates excuses, monsieur...

Sérieux, je disais.

— C'est tout ? j'ai demandé avec un sourire en coin.

Rares sont les clients qui me vouvoient. Mais dans les circonstances, il ne se serait pas permis d'être familier.

— T'es baveux pas à peu près de remettre les pieds ici ! As-tu la moindre idée de combien tu m'as coûté en travaux ?

— Je peux payer pour les dégâts, si vous voulez, c'est pas un problème.

— Les « dégâts » ? Tu veux dire le saccage ! Tu penses vraiment avoir les moyens de me rembourser ? On va en avoir pour... Tu fais quoi, dans la vie, toi ?

— Assistant pharmacologue au département de neurologie de l'hôpital Notre-Dame.

J'aurais dû gager.

— Écoute, Einstein, tu t'es excusé, c'est correct.

— Je m'appelle pas...

Il s'est interrompu. On aurait dit qu'il attendait quelque chose. Je l'ai observé un moment.

— Qu'est-ce que tu veux au juste ?

— Je vous causerai pas plus d'ennuis, je vous assure, qu'il a dit d'une voix sincère. Je suis venu pour trois choses : m'excuser – c'est fait –, vous faire un chèque et...

J'ai pris le dernier bock sale et j'ai commencé à le laver négligemment.

— Et?…

— J'ai besoin de vous, qu'il a fini par cracher. Vous êtes la seule personne qui puisse me dire ce qui s'est passé. Et j'ai besoin de savoir. Je me suis réveillé à l'hôpital avec des bouts qui manquent. On m'a donné mon congé il y a à peine une heure. Je suis venu ici directement. Dites-moi juste ce qui s'est passé… S'il vous plaît.

— Pis ça va me donner quoi, à moi?

Il semblait réellement paniqué, prêt à tout. J'allais me divertir un peu. Après ce qu'il avait fait vendredi, je pouvais bien me le permettre.

— Écoute-moi bien, le jeune. Ça fait trente-cinq ans que je suis derrière ce comptoir-là. Je croyais avoir tout vu, tout entendu! Je vais te faire un deal : tu me racontes ce que tu étais venu faire ici et ce qui s'est passé dans les toilettes avant que j'arrive, et je te raconterai le bout qui te manque.

J'ai vu des perles de sueur apparaître sur son front. Il a fixé le comptoir en se rongeant les ongles. Il pouvait bien branler dans le manche, s'il voulait que je parle, il ne pourrait pas fuir. Il a relevé les yeux vers moi.

— Je vais te prendre un Orange Crush sans glace avec deux quartiers de citron.

Tiens, il venait de passer au tutoiement. Il a sorti un chèque de la poche intérieure de son veston. Il avait pensé à tout. Pendant que je lui préparais son verre, il a insisté pour que je lui donne le montant des réparations, qu'il a inscrit sans faire d'histoires.

— Du début, Einstein.

Il a pris une grosse gorgée de son drink.

— J'ai fait douze années d'études supérieures. J'ai étudié dans trois universités sur trois continents. Vendredi passé, un nouveau chapitre de ma vie s'ouvrait. Je laissais mon statut de chercheur pour devenir un travailleur au sens noble du terme. Vendredi passé, c'était ma première journée de travail au département de neurologie de Notre-Dame. En sortant de l'hôpital, vertige. Je venais de réaliser que ma vie serait plus jamais la même, et ça m'a angoissé. J'aime pas les situations de perte de contrôle, disons…

Einstein s'est arrêté. Il n'a pas l'habitude de parler de lui, que j'ai pensé, et encore moins à des étrangers. Une proie facile.

— Continue…

— Pour me changer les idées, j'ai décidé de prendre un verre dans mon nouveau quartier. Le hasard a fait en sorte que je suis entré dans ta taverne… J'aime pas le hasard.

Il a calé nerveusement le restant de son Orange Crush sans glace avec deux quartiers de citron en se tripotant les doigts. Je sentais que son histoire allait être longue.

— Je t'en sers une autre ? C'est sur le bras de la maison ! Continue, mon gars.

— Aussitôt que je suis entré, j'ai figé. Ce que je voyais devant moi, c'était un vrai cauchemar. Tu t'en souviens, il y avait deux personnes assises au comptoir. Un grand costaud avec le nez percé et une femme avec des millions de taches de rousseur dans le cou.

Il a pris une gorgée de sa deuxième boisson sans remarquer le goût de la cocaïne que j'avais discrètement ajoutée à son verre. Il tapotait le sol rapidement avec son pied. Je me souvenais très bien de l'homme et de la femme au comptoir.

— Eh bien, ces deux personnes, je les ai très bien connues… Et même si le tabouret vacant entre les deux m'indiquait qu'ils se connaissaient pas, je refusais l'idée de les voir réunis dans un même lieu. Ils étaient même pas censés vivre dans la même ville! Ça m'a donné la frousse. Évidemment, la peur a sécrété de la corticotrophine, qui s'est vite propagée dans mes veines. Mon corps s'est refroidi de quelques degrés et le rythme de mes pulsations cardiaques s'est emballé.

— OK, OK. On est pas à l'école. Dis-moi donc c'était qui, ces deux-là, à la place…

Je savais très bien quel était le lien qui unissait ce trio, mais de le voir trembler à l'idée de me le dire m'amusait. Après une pause, il a fini par baragouiner:

— Mes ex.

Il attendait de voir si j'allais le juger. J'ai dit en riant la première chose qui m'est venue en tête:

— T'es sorti avec les deux en même temps?

Plus le scientifique se détendait et se désinhibait grâce à mon élixir, plus son débit s'accélérait. Il a ri à son tour.

— Je suis bisexuel, pas bigame.

— Coudonc, qu'est-ce qui te faisait paniquer à ce point-là?

— Mon ex-blonde savait pas que j'avais déjà eu des gars dans ma vie, et vice versa. Tu sais, j'ai développé très jeune une habileté à fabriquer rapidement des… restrictions mentales, disons. Je suis sorti deux ans avec mon ex-blonde quand j'ai fait mon stage à New York. J'ai été avec le gars pendant mes deux années d'études à Paris. Je leur ai jamais menti, mais ni l'un ni l'autre se demandait si j'avais eu d'autres relations avant. C'est pour ça que j'ai paniqué. La frontière entre deux mondes parallèles volait en éclats. Tu comprends ? Ça fait quinze ans que je me la joue discrète. Ma famille me croit encore vierge. Depuis quinze ans, il y a qu'en voyage que je me suis permis de vivre.

— Ça fait quinze ans que tu vis en lâche, tu veux dire.

Il a bu d'un trait le restant de sa deuxième orangeade et, d'un signe de tête, m'en a commandé une troisième. Ça m'a dégoûté. Avant que j'aie eu le temps d'ajouter mon ingrédient secret, Solange est venue s'accouder au comptoir en me tendant un billet de cent. Je lui ai remis l'équivalent en jetons et elle est retournée à sa machine.

— Je voulais pas les affronter, j'aurais pas su quoi inventer pour m'en sortir dignement, a dit Einstein.

— Leur dire la vérité, c'était pas une option ?

— Je pensais pas que, vu l'état d'ivresse avancée dans lequel ils étaient, ça donnerait quoi que ce soit. De toute façon, j'ai toujours cru que, socialement, c'est préférable d'éviter de perdre la face plutôt que de dire la vérité. Les dommages collatéraux sont toujours moindres.

Sur le fond, j'étais d'accord avec lui, mais pour le faire réagir, je me suis choqué :

— As-tu vu les dommages que ta stratégie a causés, le jeune ?

Il a baissé la tête, penaud.

— C'est l'exception qui confirme la règle. La fuite avait toujours été salutaire pour moi. Alors tu penses bien que, quand je t'ai vu te pencher vers mes deux ex et leur parler en me pointant... D'ailleurs, pourquoi tu leur as parlé ?

— Il y avait un étrange dans l'entrée de ma taverne qui fixait mes clients depuis un boutte. Je leur ai demandé s'ils te connaissaient... Ils se sont retournés et ils t'ont vu courir vers les toilettes, la tête entre les jambes. En passant, pourquoi t'es parti par là si tu voulais t'enfuir?

— Acte manqué. Probablement qu'inconsciemment j'avais envie de régler ça une fois pour toutes. En entrant dans les toilettes, stupidement, je me suis senti à l'abri. J'ai essayé de me calmer en respirant lentement et surtout de faire le vide dans mes pensées. J'ai fixé le mur et j'ai remarqué qu'il y avait pas de pub dans le cadre au-dessus de l'urinoir...

Alors que ses deux ex faisaient connaissance et s'apprêtaient à lui déclarer la guerre, lui, il s'était questionné sur l'absence de pub!

— Ma clientèle consomme une seule chose: l'alcool que je leur sers. Alors la pub...

— Je vois... Après, j'ai entendu un bourdonnement qui provenait de l'urinoir. J'ai baissé les yeux et j'ai vu une abeille qui virevoltait autour de mon jet urinaire Alors qu'aurait dû émaner de mon cortex cérébral l'avertissement contre un potentiel danger, je suis resté là, tranquille. Sais-tu à quoi j'ai pensé?

— Dis-moi ça.

— J'avais six ans. C'était l'été. Ça sentait le BBQ, le bonheur. J'étais nu parmi les pommiers en fleurs du terrain de camping La Pommerie. Avec mes amis, nus eux aussi, je m'amusais à courir à en perdre le souffle. Nos parents profitaient du soleil, assis dans des chaises longues à côté de la trop grosse roulotte que mon père avait achetée dans une de ses crises maniaques – c'était bien avant que son trouble bipolaire soit diagnostiqué. Ma mère, qui est originaire de la banlieue londonienne, chantonnait des airs de son enfance. Mon père, un vrai gars d'Alma et ardent militant séparatiste, beuglait du Paul Piché. L'amicale querelle franco/anglo, ce jeu de « ma langue est plus forte que la tienne », amusait les autres parents du camping. Tout ce beau monde rigolait, dans la nudité la plus totale…

Parmi tous les bizarres que j'avais croisés dans ma carrière, je n'avais encore jamais rencontré de vrai nudiste. Einstein a dû lire l'incrédulité sur mon visage.

— Moi, tu sais, à six ans, je m'imaginais que tous les enfants passaient leur été à poil, comme ça… Enfin… Je courais depuis un bon bout de temps. À un moment donné, j'ai été obligé de m'arrêter pour reprendre mon souffle. Prendre le temps d'observer des dauphins, des pingouins, des mouches, des crabes et des lions dans les nuages a réussi à me calmer et à faire baisser le rythme de mes pulsations cardiaques. Tout d'un coup, j'ai ressenti comme un coup de poignard dans mon bas-ventre. J'ai baissé les yeux et je l'ai vue : une abeille venait de me piquer le pénis ! Le gland, pour être tout à fait précis.

— Quoi ?!

— Oui, imagine la douleur…

J'ai senti le bout de mon propre pénis frémir et se contracter, comme le cou d'une tortue apeurée.

— Je me suis mis à crier au meurtre. Mes amis sont venus vers moi, mais ils ont mis du temps à comprendre ce qui se passait. Leurs cris ont fini par alerter les parents, qui ont accouru.

Captivé par son histoire, je n'avais pas remarqué que j'essuyais sans relâche le même bock depuis dix minutes.

— Mes amis ont pris leurs jambes à leur cou, grâce à la forte dose d'ACTH et d'adrénaline que la peur avait libérée dans leurs veines, comme tu t'en doutes. Tout le monde autour de moi a paniqué à la vue du dard planté en plein milieu de mon gland, qui enflait rapidement. Ma mère criait : « *I hate bees ! Kill the bee ! Just kill the damned bee !* » Mon père vomissait tous les mots d'église possibles en s'inquiétant de ma future capacité à me reproduire.

— Mais qu'est-ce que vous avez fait ?

— Moi, rien. Le calme qui m'envahissait a pris le dessus sur toute autre sensation. J'étais pas déconnecté de la réalité, au contraire : je ressentais une douleur que jamais aucune appendicite aiguë ou expulsion d'urolithiase par voie naturelle n'arrivera à égaler. Je sais de quoi je parle ! Mais les pensées arrivaient à mon cerveau comme au ralenti. Je… réfléchissais.

— Tu « réfléchissais » !

— J'étais stupéfait que cette abeille ait choisi mon pénis parmi tous les pénis disponibles dans ce camping nudiste. Qu'est-ce qui pouvait bien expliquer ce fait ? Est-ce que je devais m'en réjouir ? Est-ce que j'étais un élu parmi la masse ou une simple cible du hasard ? Je me souviens m'être dit que, si c'était le hasard, je le détesterais à tout jamais ; et si je n'étais qu'une victime des lois de la probabilité, je devrais consacrer ma vie à comprendre les lois mathématiques de l'univers afin que ça se reproduise plus.

— Attends… Tu as six ans, tu viens de te faire piquer le boutte, mais tu penses à ta carrière scientifique ?

— Réaction normale du cerveau. Les fortes doses d'adrénaline peuvent parfois provoquer des sensations, des impressions et des réflexions qui flirtent avec l'ésotérisme. L'intensité de la douleur avait sans doute engorgé mes fibres nociceptives. L'influx nerveux passant par ma moelle épinière et se rendant à mon cerveau focalisait ma pensée sur ces réflexions, et non sur la douleur. Le cerveau est programmé pour la fuite. Bref, la suite, je l'ai vécue en observateur, comme si j'étais sorti de mon corps. Mes parents ont extrait le dard de ma chair…

J'ai eu un frisson.

— Mon souvenir s'est arrêté là. Ma conscience était de retour dans les toilettes de ta taverne. L'abeille volait maintenant devant mon visage. Elle semblait me fixer. Puis, elle est sortie par la fenêtre qui donnait dans la ruelle.

— Einstein, c'est pas que tes souvenirs sont pas palpitants, mais ça m'explique pas le saccage! Vas-tu enfin aboutir?

Il a hésité, mais il savait bien que je ne lâcherais pas le morceau.

— La porte des toilettes s'est ouverte avec fracas et mes deux ex ont foncé sur moi. Mon ex-blonde, les narines écartées, et mon ex-chum, les yeux injectés de sang, me dévisageaient. Comme un con, je me suis entendu leur dire : « Si je comprends bien, les présentations sont déjà faites ? »

« Comme un con ». Il n'aurait pas su mieux dire. Einstein me prouvait – comme si j'avais besoin d'une preuve – qu'un diplôme universitaire ne garantit pas la capacité de gérer des émotions humaines.

— Mon ex-chum m'a lancé son gin-tonic au visage ; mon ex-blonde m'a giflé.

Trois personnages d'un mauvais film français !

— Mais c'est fou comme, même en pleine crise, j'arrivais à percevoir des détails insignifiants de mon environnement. J'avais remarqué que mon ex-blonde avait maintenant les oreilles percées (j'avais toujours trouvé que des oreilles intactes, à son âge, c'était rare), et que mon ex-chum, lui, avait changé de parfum. Plus chypré, malheureusement…

Einstein m'a raconté que ses deux ex l'avaient bombardé de questions : lequel des deux avait partagé sa vie en premier ? Est-ce qu'il était avec un homme ou une femme en ce moment ? Pourquoi avoir caché sa bisexualité ? Il m'a confié qu'il avait toujours eu peur que son ex-chum pense qu'au fond, les bi ne sont que des tapettes qui ne s'assument pas et que leurs blondes ne sont que des paravents. Il avait toujours craint que son ex-blonde fasse partie de ces femmes qui croient qu'un gars est incapable de gérer un clitoris s'il lui arrive de jouir d'une queue entre les fesses.

— Et tu leur as dit quoi ?

— Je leur ai dit que j'avais grandi dans un environnement biculturel, que ma mère était bilingue, mon père bipolaire, que j'avais la double citoyenneté, que je faisais des rapports d'impôts aux deux paliers gouvernementaux et que j'étais étonné qu'ils soient étonnés que je sois bi. C'est peut-être con, ça aussi. En tout cas, là, il y a eu un long silence…

Assis au bout du comptoir, Gilles a levé la main. Je lui ai donné son deuxième scotch avec brusquerie. Pas de pourboire, pas de sourire. Einstein a continué à parler sans même se rendre compte que je servais un autre client.

— Là, ton vieux juke-box a craché jusqu'à nos oreilles la chanson «Welcome to Paradise». Mes deux ex se sont arrêtés, puis ils ont prononcé les mêmes mots en même temps, avec la même nostalgie dans la voix : «C'est notre toune, Angel!»

— Tu t'appelles de même?

— Pas du tout! C'est que ma première nuit avec chacun d'eux s'était déroulée par hasard au rythme de cette chanson de Green Day. Tous les deux m'avaient ensuite surnommé Angel à cause de ça. Alors moi, pour détendre l'atmosphère, j'ai dit : «Et le chanteur est bi! C'est drôle, non?»

— Ah oui, ça, ç'a dû les faire rire!

— Pas une seconde. Sauf que j'ai compris que ma bisexualité était le dernier de leurs soucis. Ce qui passait pas, c'est que je me sois laissé surnommer de la même façon par les deux. Ils pouvaient pas supporter l'idée qu'il avait existé un double d'eux dans ma vie. Moi qui craignais leur réaction devant ma différence, c'est ma «non-différence» qui allait tout faire dégénérer.

Einstein était sur une lancée. Il n'a pas remarqué l'ongle de mon auriculaire passer sous mon nez. Alors que je devenais un héros dans ma tête, lui me racontait la suite de sa saga.

— Mon ex-chum m'a lancé son verre vide par la tête. J'ai pu l'éviter de justesse en me penchant. Le verre est allé fracasser le haut de la fenêtre par laquelle l'abeille était sortie. La vitre a explosé en mille miettes dans un énorme vacarme. Puis, silence. Le genre de silence qui annonce le pire. Comme de fait, une nouvelle abeille est venue se poser sur le bout de mon nez. Puis une deuxième. Des centaines d'abeilles ont envahi les toilettes. Le bourdonnement était assourdissant. Elles se sont mises à nous piquer furieusement. Je crois qu'on a hurlé, mais je suis pas certain (l'ouïe est le premier sens à perdre son acuité en état de crise). Mon ex-chum faisait des grands mouvements avec ses bras. Sans le vouloir, il m'a donné un coup de coude au visage. Sous l'impact, j'ai senti ma dent et mon nez se casser, et je suis tombé par terre. Je voyais du sang couler sur le prélart. Mon ex-blonde donnait des coups de pied dans le vide en essayant de faire fuir les abeilles. Elle a trébuché sur moi et a entraîné l'autre. Mes deux ex se sont effondrés sur une cabine, la détruisant dans leur chute. Je voulais m'enfuir, évidemment, mais je commençais à sentir ma gorge enfler. J'allais mourir, tué par des abeilles, sous le regard des deux amours de ma vie et au son de « Welcome to Paradise »… Je me suis réveillé des heures plus tard à l'hôpital.

Il s'est tu, essoufflé. Son histoire avait beau être surprenante, il me faisait pitié malgré tout. En ce sens, il n'était pas différent de mes autres clients.

C'était à mon tour de cracher.

— Einstein… T'aimeras pas ce que tu vas entendre. Mais si tu insistes… Les morceaux de verre ont sûrement fait tomber une caisse de bois que des abeilles avaient adoptée et qui se trouvait juste en dessous de la fenêtre – j'aurais dû l'ôter de là ça fait longtemps. Les abeilles, enragées, sont venues se venger.

La poudre que j'avais inspirée plus tôt commençait à faire son travail.

— Tes deux ex hurlaient à faire trembler les murs. Quand j'ai ouvert la porte des toilettes, je suis tombé sur eux qui se tordaient de douleur en gesticulant comme des fous pour éloigner les nuages d'abeilles autour d'eux. Mais c'était peine perdue. Puis, je t'ai vu inconscient qui baignais dans ton sang. J'ai couru chercher l'extincteur et j'ai aspergé la pièce. Les abeilles sont mortes sur le coup. J'ai appelé le 911, mais tes deux chéris en ont profité pour s'en aller.

Einstein était pendu à mes lèvres. C'était bien la première fois qu'un client écoutait vraiment ce que je racontais.

— Je t'ai planté un EpiPen dans la cuisse…

— De l'épinéphrine…

— En tout cas, ça t'a sauvé la vie : c'est ce que les ambulanciers ont dit quand ils sont arrivés.

Le scientifique avait les yeux dans l'eau.

— Mes ex ont fui ? Lâchement ?

— Oui.

— Ils m'auraient laissé mourir par terre ?

— Oui, Einstein. Je suis désolé.

Comme j'avais rempli ma part du marché, il a signé mon chèque, l'a poussé vers moi sur le comptoir, m'a serré la main, m'a regardé intensément sans rien dire, puis il est sorti de ma taverne. Je savais qu'il ne reviendrait jamais.

Il avait cru mon histoire. Pauvre de lui ! Jamais il ne saura que je lui ai menti, que je ne suis pas celui qui lui a sauvé la vie. J'avais fait passer ses ex pour des monstres, mais le seul lâche dans cette histoire, c'était moi.

Alerté par les cris, oui, j'étais entré dans les toilettes. Mais en voyant les centaines d'abeilles et le sang sur le plancher, j'avais complètement figé. C'est son ex-blonde qui était allée chercher l'extincteur, et son ex-chum qui avait planté l'EpiPen dans la cuisse d'Einstein pour lui sauver la vie. Et c'est mon vieux client, M. Perron, qui avait appelé les secours. Jamais il ne le saura.

Jamais il ne saura non plus que la compagnie d'assurances avait déjà promis de rembourser les frais de réparation des toilettes et que, grâce à lui, je prendrai bientôt des vacances au soleil en sirotant une orangeade sans glace avec deux quartiers de citron à sa santé. Cheers, Einstein.

# LES HOMMES DE STEPFORD

## *Daniel Grenier*

Le parc pour enfants se trouvait à moins de cinq cents mètres du bungalow qu'on avait d'abord visité, ensuite convoité et finalement acheté, sis au sud-est de la petite communauté de Stepford, une agglomération des Cantons-de-l'Est dont l'agence immobilière nous avait assuré qu'elle était florissante. Les familles s'y installaient en grand nombre, les liens étaient tissés serré, l'ombre de la montagne était rafraîchissante, jamais lourde. Sur une place publique avait été érigé un obélisque en hommage à la liberté individuelle et aux rêves collectifs, reproduction réduite de celui de Washington (D.C.). Les jets blancs de la fontaine étaient symétriques.

Je me l'avouais sans peine : j'étais charmé. Dans le parc, les bacs où s'élevaient les modules de plastique colorés et sophistiqués étaient remplis de copeaux de bois au lieu du sable salissant auquel j'avais été habitué dans ma jeunesse.

Ça m'avait impressionné, j'avais trouvé ça beau, même de proche, en passant la main dedans, en écartant les doigts, et j'avais dit à Murielle que je trouvais ça beau, des copeaux au lieu du sable, que c'était une bonne idée, et que c'était un point de plus pour le quartier, n'était-elle pas d'accord? Ça sentait bon, aussi. Elle souriait dans l'air pur, entre le frais et le chaud du printemps tardif. Je la voyais d'en bas, le soleil derrière elle comme une auréole et son ventre qui grossissait presque à vue d'œil. On serait bien ici, n'est-ce pas? Le parc était propre, les rues étaient propres, l'asphalte était neuf et les arbres étaient vieux et prospères. J'aimais les rues sinueuses qui ne débouchaient pas où on le croyait. Ce n'était pas une de ces banlieues mort-nées qui poussaient près des grands centres, sans âme ni rue principale.

Notre nouvelle maison, petite mais confortable, comptait sept pièces, dont une chambre pour le bébé, où l'on pourrait installer la chaise berçante dans un coin, celle que ma grand-mère m'avait laissée en héritage, et dans laquelle elle avait endormi mon père durant ses nuits agitées. Murielle avait proposé de peindre les murs dans des tons de pêche, un bel orangé, doux, une couleur neutre et moderne. La lumière pénétrait par de grandes fenêtres donnant à l'est et à l'ouest, et il y avait aussi un sous-sol, pas tout à fait terminé mais assez haut de plafond, où je pourrais installer mes outils dans un établi, et ma guitare et mon vieil amplificateur dans une salle de musique. On a aussi pensé que, avec un peu d'aménagement, ce serait une pièce idéale pour recevoir des amis et jouer aux cartes, au poker, ou même à Quelques arpents de piège. Ce n'était pas une cave glauque et humide, c'était déjà chez nous. La cour arrière était plus grande que celles, combinées, de nos enfances respectives.

On a vu les voisins dès le premier jour, notre camion de déménagement à peine vidé dans l'entrée de garage. Ils nous ont envoyé la main en guise de bienvenue. L'homme a claqué la porte de la voiture et m'a souri, sa bonne humeur traversant le bosquet. Sa femme rousse et ses deux enfants blonds se sont mis à sourire aussi. Le quartier me semblait chaleureux, la banque avait accepté notre demande d'hypothèque après une enquête de crédit dont le résultat nous avait tous rassurés, je me sentais prêt à commencer ma vie de propriétaire, les cils de Murielle étaient longs et attirants dans la pénombre, son nombril faisait une petite bosse sous ses vêtements serrés. Je me suis empressé de saluer en retour, attrapant Murielle par la taille, en même temps qu'un sentiment de bonheur m'étreignait, moi, quelque part dans la région du diaphragme, entre les côtes flottantes.

La première nuit s'est passée dans le quasi-silence paisible de la petite ville, notre nouvelle vie enveloppée du son des grillons et de la brise dans les feuilles des grands frênes. Murielle m'a souhaité bonne nuit, je lui ai répondu je t'aime, et je pouvais entendre notre enfant bouger et signifier son bien-être, son approbation, son assentiment.

J'ai reçu le premier signal environ deux semaines après notre arrivée à Stepford, dans le stationnement du Home Depot, où je tentais maladroitement d'ouvrir le coffre de ma voiture les bras pleins de sacs de terre, d'une sarcleuse et de cache-pots en céramique. J'étais seul, Murielle m'attendait à la maison, sur la pointe des pieds au sommet d'un petit escabeau. Elle avait insisté pour installer le mobile au-dessus du berceau, des avions tournoyants et une mélodie agréable, que j'aille faire les achats pour le jardin, elle s'en sortirait très bien. Elle m'avait tourné le dos, mais je savais qu'elle pensait quand même à moi, parce que je pensais quand même à elle quand je lui tournais le dos, quand je m'en allais, quand je partais faire quelque chose et qu'on devait se séparer momentanément.

Pensif, rêveur, maladroit, amoureux comme au premier jour, j'ai fait tomber mes clés sur le bitume.

L'homme s'est approché en prenant un pas de joggeur, les jambes avenantes au-devant, un sourire aux lèvres, l'air habitué à rendre service. Ses cheveux noirs étaient lisses et luisaient, gominés, sous le soleil. Il portait des vêtements de golf, ou de bureau, un petit animal cousu sur la poitrine de son polo. Il m'a demandé aussitôt s'il pouvait se rendre utile, et sa voix portait au loin, enveloppante, grave et légère à la fois.

— J'ai laissé tomber mes clés, je pense. Juste là.

Sans hésiter, l'homme s'est penché en tirant un peu sur ses pantalons et en pliant les genoux. Il a dit :

— Attendez que je vous ouvre ça, ça sera pas long, deux petites secondes… OK… Et voilà.

— Merci.

Le coffre était ouvert, j'avais reculé un peu pour laisser de l'espace à l'autre, pour le laisser me rendre service. La sarcleuse, débalancée, est presque tombée de mes bras, mais j'ai fait un mouvement sec vers la gauche et tout s'est replacé.

— De rien. Ça me fait plaisir. Moi, c'est Claude, en passant.

— Simon. Simon Mercier. Enchanté, Claude. Je sais pas pourquoi j'ai pas pris le temps de déposer mon stock par terre. Je suis un peu empoté des fois.

— Pressé de retourner à la maison ?

— Oui, ça doit être ça. Je m'ennuie déjà, faut croire.

J'ai ri, nerveusement, je me suis rapproché de la voiture, les bras pleins, incapable de serrer la main de cet homme, anxieux de pouvoir le faire rapidement, d'y remédier.

Claude a pris un des sacs de terre, et on a disposé le tout sur une bâche de plastique que Murielle avait installée au préalable dans le coffre. C'était propre, du beau travail, en équipe. Juste après m'être essuyé sur mes jeans, j'ai enfin tendu la main à Claude, en répétant merci. Sa poigne était franche, la mienne aussi. Il me regardait droit dans les yeux, sans cesser de sourire. Normalement, je me serais senti intimidé, mais c'était différent ce jour-là : la montagne, les environs, le bleu virant au rose du ciel au-dessus, l'image vive de Murielle dans mon esprit, l'avenir qui se dessinait. Je serrais la main de Claude, et quelque chose se scellait au même instant ; c'était une forme d'alliance que je n'avais jamais ressentie auparavant.

Le magasin fermait ses portes, plusieurs clients envahissaient le stationnement, retournaient à leur véhicule, poussant des paniers pleins d'objets, certains avec des arbres entiers, avec les racines et les branches feuillues. Claude m'a demandé si je n'habitais pas dans les Roseraies par hasard, près du bassin, il lui semblait m'avoir aperçu déjà. Oui, ma femme et moi et notre futur fils on venait d'emménager, on venait d'acheter une maison unifamiliale sur la rue Pennfield, un beau petit bungalow avec des volets et une grande cour arrière.

— C'est ça. C'est là que je t'ai vu. J'habite sur Green, juste en arrière de chez vous, en diagonale.

Il mimait avec de grands gestes les directions, la cartographie de la ville dans l'air entre nous deux. Le tutoiement était naturel, comme une intimité offerte et reçue simultanément, sans que la consultation ait été nécessaire. J'aimais écouter la voix de Claude, qui m'expliquait où il vivait, qui mettait ma demeure en perspective, d'une certaine manière, la faisant s'intégrer dans un ensemble, dans un réseau de sens, une série de bonheurs civiques attelés les uns aux autres.

— Tu vois un peu ? Il y a Maple, comme ça, en *U*, et le croissant que tu croises en sortant ? Ben juste derrière c'est Green. Tu vas voir, je vais te montrer, il y a une passerelle pour piétons qui mène directement de Pennfield à ma rue. En fait, juste à côté de ma maison.

Je voyais.

— Tu vas voir, ici, tu vas aimer ça. Vous allez être bien. On est proches, les gens d'ici.

L'impression d'appartenir à quelque chose de significatif s'est immiscée en moi, avec la force de la certitude, une sorte de fraternité. J'ai regardé Claude s'éloigner d'un pas sûr, jouant habilement avec son trousseau de clés, le faisant tournoyer autour de son index, comme un fusil. Les couleurs étaient agencées, la montagne créait une fraîcheur dans mon dos.

Après quelques mois, les signes se sont multipliés, de plus en plus explicites. Ils étaient toujours là pour me proposer de l'aide, les hommes de Stepford, pour me lancer une invitation sympathique à un BBQ entre voisins. Ils m'offraient des clins d'œil, montraient leurs dents droites et blanches à toute occasion. Ils étaient là pour m'accompagner dans les petits travaux, ou encore pour m'indiquer le chemin quand je n'en étais pas certain. Claude et moi, on se voyait régulièrement, j'avais rencontré sa femme Chantale et leurs trois enfants. Les voisins venaient souvent à la maison aussi, et Murielle, qui faisait de longues promenades dans le quartier, m'avait présenté les Doutre, un couple gentil qui attendait aussi un bébé, un garçon, pour juillet. Jean-Sébastien Doutre m'avait expliqué qu'ils étaient nouveaux en ville, eux aussi, et qu'ils avaient été bien accueillis. On se sentait rapidement chez soi, à Stepford. La solidarité semblait une valeur commune, avec l'entraide.

Quand Olivier est né, on a organisé une fête dans la cour. La journée s'annonçait douce, les nuages avaient été repoussés au loin, derrière la montagne, on avait allumé des torches à la citronnelle et l'odeur piquante se répandait dans les parages, attirant les gens, mais pas les moustiques. Ça allait finir tôt, mais ce serait agréable, convivial. J'ai sorti une grande glacière, remplie de bloody ceasars en bouteille. Murielle tenait le bébé dans ses bras et me regardait soulever des boîtes, préparer des bouchées, ajuster l'ambiance sonore. Elle parlait à Olivier dans le creux de l'oreille, et ses mots d'amour s'adressaient aussi à moi, je les partageais avec notre fils.

Les voisins, Marc et Lyne, ont apporté des chaises de plus, pliantes, pratiques, confortables, et les invités ont commencé à arriver, venant des quatre coins de la ville, des familles, des couples, des hommes grands et comblés, certains que je ne connaissais pas encore, mais ça ne tarderait pas, qui m'empoignaient la main avec une assurance et une solennité joueuses. On passait devant moi et on me félicitait pour l'enfant, pour le bungalow, pour le bonheur conjugal. On me remerciait de l'invitation, c'était une magnifique journée, c'était le moment idéal pour mettre un enfant au monde. Un homme s'est approché de Murielle et l'a serrée dans ses bras. Des groupes se formaient et les discussions flottaient, propulsées dans les airs par des rires sincères, certains plus mélodieux que d'autres. Je prenais Olivier des bras de ma femme de temps en temps, cajolais ses minuscules jambes, je le balançais et le faisais gigoter.

Quand Murielle est rentrée pour aller nourrir le bébé, Claude m'a pris à part « pour avoir une conversation d'homme à homme ». Ses beaux cheveux luisaient, des effluves de propreté émanaient de ses vêtements. Est-ce qu'on aimait ça, ici, finalement ? Est-ce qu'on se plaisait à Stepford ? Mes réponses étaient plus qu'affirmatives, et Claude hochait la tête. Murielle était contente ? Oui ? Bon, parle-moi de ça. Je suis content d'entendre ça.

Ses yeux plongés dans les miens, il m'a répété que cette ville avait un petit quelque chose de spécial, ne trouvais-je pas ? En observant le coucher du soleil et les amis réunis, les gens heureux, loquaces et légers, les enfants qui couraient, il m'a répété qu'on se disait tout, entre nous, ici, que je ne devais pas avoir peur de me confier. Que la cohésion de la communauté dépendait de l'honnêteté de chacun. J'étais d'accord, je n'avais rien à cacher, j'étais un livre ouvert.

Claude me rendait nerveux, mais c'était une bonne nervosité, comme celle qu'on ressent devant un père dont l'auto-
rité et la rigueur seraient contagieuses. Alors, il m'a dit, de
but en blanc, peut-être qu'il était temps qu'on se dise les
vraies affaires, non? Je n'avais pas à avoir peur, ils étaient
tous de mon bord, avec moi, lui le premier. Je pouvais me
confier. D'où est-ce que je venais?

   — Qu'est-ce que tu veux dire?

   — Comment s'appelait la première?

   — La première?

   — Femme.

   — Quoi, femme?

   — Fais pas l'innocent, Simon. T'es à la bonne place, ici,
t'as choisi la bonne place, tu peux nous le dire, on est dans
le même bateau, on est avec toi, moi le premier, que je te
dis, tu rames pas tout seul, mon vieux.

Je ne comprenais pas, mais j'essayais de ne pas le
montrer. Je ne voulais pas froisser Claude. Je cherchais dans
ma tête ce que je devais répondre. La première femme? Le
bateau? Les rames? Dans ma paume, il y avait un des petits
souliers du bébé; il ne prenait pas beaucoup de place. Je ne
comprenais pas ce que les questions de Claude impli-
quaient. Les sourcils froncés, j'ai répondu en hésitant. Je
venais de Sept-Îles, mais j'avais été élevé à Rimouski. J'avais
fait mes études à l'Université de Montréal.

Ça ne fonctionnait pas. Claude restait sceptique, il
m'écoutait m'épancher, raconter mes souvenirs, la vie qui
m'avait mené jusqu'à la rue Pennfield, dans le quartier des
Roseraies, à Stepford. Mon ami m'écoutait, avec son beau
visage à la fois moqueur et noble, mais j'avais l'impression

qu'il me laissait aller par pure courtoisie. Il m'a soudainement posé une main sur l'épaule et m'a arrêté. En murmu-
rant, et avec une forte conviction dans la voix, il m'a expliqué où il voulait en venir. Déjà, il semblait avoir perdu foi
en moi.

Il pointait les hommes à mesure, les hommes dans ma
cour, il me les décrivait, prenait des gorgées de sa bière,
décrivait leur apparence, leur passé. Il savait tout.

Par exemple, Pierre, là-bas, celui qui brandissait une photo
de son dernier-né à qui voulait bien la voir, était un des
pionniers de la communauté des hommes de Stepford.
Pierre avait quitté le domicile familial le 7 juillet 1995, pour
aller acheter un paquet de cigarettes. Il avait une femme et
quatre enfants, travaillait pour la Standard Filling & Co., à
Sudbury, recevait un salaire annuel dans les six chiffres.
Selon toute vraisemblance – et ses proches l'auraient
confirmé –, il filait le parfait bonheur. Mais quelque chose
se dégradait rapidement, c'était comme un pourrissement
intérieur. Le matin du 7, alors que la chaleur de l'été s'infil-
trait à travers le climatiseur qu'il avait fait installer après les
requêtes répétées de son épouse, il était sorti en criant en
bas de l'escalier qu'il s'en allait au dépanneur pour s'acheter
des cigarettes, et personne ne l'avait jamais revu. Il avait rencontré Élisabeth, la femme que je voyais maintenant à côté
de lui, quelques années plus tard, et ils s'étaient installés ici,
dans le vieux quartier, près de la rue principale. Elle ne
soupçonnait rien, bien entendu, comme je pouvais l'imagi-
ner. N'était-elle pas jolie, avec ses taches de rousseur qui
commençaient à sortir ?

Emmanuel, lui, avait profité d'un voyage au Mexique pour disparaître. Son histoire avait fait les manchettes, est-ce que ça me disait quelque chose ? Il avait prétendu avoir marché sur un tesson de bouteille, sur une plage en sable fin de Cozumel, s'était rendu à la clinique de l'hôtel afin d'y recevoir des injections contre le tétanos et l'hépatite. Après vingt-quatre heures sans nouvelles, sa femme avait contacté les autorités. Durant les mois suivants, on avait soupçonné les cartels, un kidnapping, on avait attendu les demandes de rançon, les revendications politiques. Rien. Silence radio. Sa femme avait alerté les médias canadiens, tout le monde était sur le coup. Pendant ce temps, Emmanuel était bien au chaud dans sa nouvelle maison, avec Jeanne, une femme exquise, raffinée, pleine de vie, qui ne s'était jamais intéressée aux nouvelles. On ne l'avait jamais aperçue avec un journal.

Jean-Charles, que tous respectaient énormément dans le coin, avait réussi à mener deux vies parallèles durant trois ans, jusqu'à ce qu'il se décide à faire le grand saut. C'était son métier de voyageur de commerce qui lui avait permis de continuer son manège : à l'époque, il vendait des aspirateurs pour Sears. Au début des années 2000, il avait acheté la grande maison sur les berges du lac avec Sophie, et repartait une semaine sur deux chez sa première femme, avec laquelle il possédait un condo et deux chiens, sur la rive sud de Montréal. Un jour, il en avait eu assez de mentir. Il avait quitté son emploi lucratif, avait fermé ses comptes bancaires, déchiré la carte d'assurance sociale qu'il possédait sous son autre nom, là-bas. Il ne voulait plus faire semblant, il voulait vivre pour de vrai. Il voulait vivre ici, à Stepford.

Karl, le représentant syndical marié avec l'agente qui nous avait vendu la maison, avait laissé sa première femme et son nourrisson à l'hôpital Sacré-Cœur, à Québec. Il avait pris l'ascenseur, traversé le corridor puant et suintant, ajusté le col de sa veste dans le froid de novembre, et ne s'était jamais retourné.

Patrick avait abandonné son amoureux peu après leur mariage, au début de 2010, quelque part dans le Village, entre Ontario et Sainte-Catherine, pour se retrouver ici, deux semaines plus tard, auprès des siens, avec Nicolas. Leur demande d'adoption internationale était en instance de confirmation, et ils partaient au Cambodge en août pour voir la petite. Il disait souvent que la vue sur le pont Jacques-Cartier et l'horloge Molson lui manquait un peu, mais qu'il n'avait aucun regret. Ça se voyait dans son visage, dans ses yeux pétillants.

Stéphane avait été copropriétaire avec sa première femme, dans une autre vie, d'une taverne appelée Bienvenue aux dames, qui marchait beaucoup mieux que son mariage. Aujourd'hui, il avait trois belles filles qui faisaient du judo, et une femme adorable, soyeuse. Parfois, il se renseignait sur internet pour savoir si l'établissement était encore ouvert. On lui répétait que c'était une mauvaise idée, un mauvais pli, qu'il lui fallait absolument décrocher, mais, malgré sa bonne volonté, son ancienne vie d'entrepreneur le tracassait encore. Jamais il ne retournerait là-bas, mais il y avait une légère nostalgie dans sa façon de se souvenir de ses clients, des histoires qu'ils racontaient. Personne ne s'en plaignait, les histoires étaient bonnes.

Maurice, que je voyais affalé sur une des chaises de Marc et Lyne, riant à gorge déployée avec sa femme Élise, lui frottant le dos, les épaules, avait l'air amoureux, au moins autant que moi. Sa première femme s'appelait aussi Élise. C'était quelque chose qu'il aimait répéter, comme un agréable coup du sort qui lui avait facilité la tâche : aucun lapsus possible. Il caressait Élise, la seconde, et elle posait sa tête sur son épaule, s'abandonnant à sa carrure et à sa présence rassurante.

Et ainsi de suite. Du maire Ross jusqu'au concierge de l'école primaire. Ils étaient tous dans le même bateau, dans la même arche, pour ainsi dire ; des rescapés, précisait Claude. Des hommes renouvelés, améliorés, des hommes qui avaient eu le courage de recommencer à zéro, et ainsi d'éviter le déluge, qui avaient affronté la réalité et avaient choisi d'agir. Mon voisin Marc, qui me regardait toujours avec une sérénité contagieuse et que je ne pouvais m'empêcher de considérer comme une sorte de frère cosmique, tellement on se ressemblait, était du nombre.

Et Claude, finalement, qui me les décrivait les uns après les autres, avec sa voix débonnaire, sur le ton de la confidence et de l'évidence mêlées, avait lui aussi son récit de réinvention. Il me parlait sans rien cacher. J'étais absorbé. En décembre 1999, Claude avait failli recevoir une poutre sur la tête. Ce n'était pas une métaphore ni une parabole. Alors qu'il marchait dans la rue, une poutre de métal, large comme une cuisse d'homme, était tombée d'un échafaudage, l'avait frôlé, s'était plantée dans le béton du trottoir en face de lui. Il m'a montré la cicatrice, une mince ligne foncée sur sa tempe, sous ses cheveux. Ça l'avait fait réfléchir à la fragilité, à la vie et à la mort, à la possibilité d'une deuxième chance qui s'étiolait jour après jour, minute après minute, à sa femme et à ses deux enfants, à sa grosse Packard et à l'héritage qu'il venait de toucher. Il était sorti de chez lui ce matin-là pour se rendre à un rendez-vous d'affaires, et personne ne l'avait jamais revu. Quelques années plus tard, il avait appris que sa femme avait embauché un détective pour le retrouver, mais la communauté l'avait bien protégé, se refermant sur lui à la manière d'une alcôve rassurante et prospère. On avait poliment renvoyé le détective là d'où il venait.

Je n'avais jamais vu des hommes aussi épanouis. Partout autour de moi, des époux, des pères, des hommes responsables et gentils, pleins de ressources, toujours prêts à aider leur prochain, à faire traverser la rue à une personne âgée, à faire l'avion avec leurs enfants. Une atmosphère vespérale, douce et lustrée flottait sur la ville. Le silence était revenu entre Claude et moi. J'observais ces hommes heureux. Murielle est ressortie pour me dire qu'elle avait couché Olivier, qu'elle allait essayer de dormir un peu elle aussi. Je lui ai dit qu'on allait baisser le ton et elle m'a embrassé sur la joue. J'ai rougi, incapable de cacher tout à fait le secret qui s'était installé en moi. Elle est repartie à l'intérieur.

Claude continuait de me fixer ; j'avais de la difficulté à soutenir son regard, le petit soulier d'Olivier, vide, se faisait lourd. Pourquoi se confiait-il à moi ? m'a-t-il demandé, faisant écho à mes pensées. Parce que j'étais comme eux. Les hommes de Stepford étaient spéciaux, privilégiés, soudés.

On ne s'installait pas ici pour rien. Ensuite, il a parlé de cérémonie, d'initiation, de fraternité, de collégialité, de communion, du sous-sol de l'église. Je ne savais pas quoi dire, mon ventre gargouillait, j'ai décidé d'être honnête, je ne pouvais pas lui cacher la vérité sur moi, sur ma famille, sur mon passé : Murielle était ma première femme, la seule femme que j'avais jamais aimée.

J'ai fixé le sol, le gazon vert. Je n'avais pas de double vie.

Au début, ils m'ont laissé tranquille, et la vie à Stepford a suivi son cours. J'étais heureux, mon fils était en santé. Ma femme dormait ses nuits, son congé de maternité lui faisait du bien. En ville, ils continuaient à me sourire et à m'adresser la parole, dans le stationnement du centre commercial, dans les restaurants où on allait parfois. Je sentais une distance se créer, subtilement, mais j'avais l'impression qu'elle venait de moi, de mon malaise personnel. J'étais à blâmer, pas eux.

La montagne n'avait pas changé d'aspect, ni les belles rues contorsionnées qui menaient à des culs-de-sac où on découvrait de petites merveilles architecturales. La ville me plaisait toujours autant, et j'avais envie d'y prospérer. Murielle ne se doutait de rien, respirait l'insouciance, et Olivier babillait quand je changeais sa couche. Il ne pleurait pratiquement pas, c'était un bébé joueur, rieur, je l'adorais, et il faisait sensation partout où je l'emmenais. Au début, après la fête, après la conversation avec Claude, tout le monde avait gardé la même attitude envers moi. Peut-être étaient-ils occupés à absorber le choc, à se demander quelle stratégie adopter. Je n'avais pas revu mon ami, mais je me disais qu'il était peut-être parti en vacances, quelque part dans le Sud, au Costa Rica peut-être.

Pourtant, l'ambiance n'a pas tardé à se dégrader, et la rupture de ton s'est accélérée. Le matin du 22, j'ai trouvé un premier avertissement, après quoi tout a déboulé. Un papier plié en quatre avait été glissé sous le tapis sauve-pantalon de ma voiture, côté conducteur. En le dépliant, j'ai aperçu deux yeux qui me fixaient, grossièrement dessinés d'une main masculine, virile, à l'aide d'un stylo. Aucune trace de violence n'était visible, quelqu'un était simplement parvenu à déverrouiller la portière et à entrer dans ma voiture. J'ai compris tout de suite. Quelques jours plus tard, j'ai commencé à recevoir des textos anonymes, sans numéro de rappel. Le ton se faisait de plus en plus menaçant. Certains messages semblaient codés, étaient composés dans une langue inconnue, sans voyelles, comme s'ils me demandaient à la fois de les craindre immédiatement et de passer des heures à essayer de les déchiffrer.

Les semaines et les mois ont passé. Il devenait difficile de faire confiance à qui que ce soit. Les hommes de Stepford ne me regardaient plus en face. Ils ne voulaient pas de moi et me le faisaient comprendre. J'étais un intrus, un parasite, un corps étranger. À partir de septembre, les signes se sont faits de moins en moins subtils. Mon sommeil se troublait. Mes tempes battaient au moindre stress, et je sentais une présence malsaine partout où j'allais. Un soir, j'ai retrouvé des crottes de chien encore fumantes dans ma cour, que je me suis dépêché de faire disparaître, avant le retour de Murielle.

Quand Olivier est tombé malade, j'ai hésité avant de le conduire à l'hôpital de Stepford. Je répétais à Murielle qu'à

Sherbrooke, ou même à Granby, à plus de cent kilomètres, il recevrait sûrement des soins plus adéquats. C'était la première fois que Murielle me voyait remettre en question les services de la ville. Lorsque la toux du bébé s'est accentuée, ses yeux se sont arrondis et on est partis en vitesse. Je ne voulais pas laisser Olivier seul avec le médecin, un homme nommé Philippe, qui s'était déjà appelé Marc, et auparavant André, et ainsi de suite jusqu'à la première version de son existence d'homme épris de liberté, mais je n'ai pas eu le choix. On m'a pris l'enfant des bras, l'urgence se lisait sur les traits tirés du personnel, je sentais le jugement, pour avoir trop attendu, pour avoir tardé à sauter dans la voiture.

Trois heures plus tard, Olivier était hors de danger, mais en le prenant j'ai cru remarquer que son regard était différent. Tout le monde semblait soulagé : il ne toussait plus, la fièvre était tombée. Murielle s'est approchée de moi. On s'est serrés dans nos bras et, quand j'ai relevé la tête, la salle d'attente était déserte. Seul le son fort des néons nous entourait.

Je n'arrivais plus à dormir. L'atmosphère était pesante, la chaleur estivale s'attardait sur la région. Claude n'était pas revenu de son voyage, je n'avais aucune nouvelle depuis trop longtemps. Mon dernier paiement d'hypothèque avait rebondi pour une raison qui m'échappait. Au loin, quand je laissais voguer mon regard, je pouvais percevoir des intempéries menaçantes, mais qui n'arrivaient pas. Mes recherches à la bibliothèque de Sherbrooke, dont je n'avais pas parlé à Murielle, n'avaient donné que des résultats décevants, mais qui ne faisaient pas diminuer mes craintes. J'avais écumé des centaines de documents sur microfiches, des vieux journaux estriens, et je n'avais trouvé que des références floues, jamais tout à fait concluantes, sur des disparitions d'hommes. Dans les dernières années, quatre jeunes mariés récemment installés en ville avaient disparu sans laisser de traces, des jeunes époux comme moi, pensais-je, qui n'étaient pas arrivés ici pour les bonnes raisons, qui ne répondaient pas aux critères de la communauté. Les scénarios se multipliaient dans mon esprit : on trouvait vite des remplaçants à Stepford pour les veuves éplorées, sans aucun doute. J'ai imaginé Murielle au bras d'un autre, un autre ayant laissé derrière lui une vie oppressante pour recommencer et goûter au vrai bonheur. Qu'arriverait-il à ma famille quand ils se décideraient à disposer de moi ?

Sur la pointe des pieds, je suis allé vérifier si Olivier était encore dans son berceau. Dans la pénombre, j'ai vu son petit corps remuer et, en m'approchant, j'ai remarqué à l'intérieur de son coude une trace de piqûre, dont le pourtour virait au violet. Incapable de raisonner, je suis descendu pour me faire du café, croyant naïvement que ça me calmerait. Murielle dormait toujours, les sons voyageaient dans le noir, alors je me déplaçais en silence, comme si mon sort en dépendait. J'allumais les lampes à mesure quand j'entrais dans une pièce, et je les éteignais quand j'en ressortais. La bouilloire électrique s'est mise à chauffer et je me suis dirigé vers mon bureau, là où je classais tous mes dossiers. Je me suis rendu compte que le matin n'était même pas arrivé. Il faisait encore nuit. J'étais seul avec les hommes de Stepford, qui me dévisageaient sans être là, sans avoir besoin d'y être. Leur bonheur n'était pas le mien, leur sincérité, leur ouverture, leur droiture, jamais ils ne me laisseraient en profiter. Je les sentais s'approcher. La peur m'envahissait soudain. J'ai compris que ce n'était plus possible. Je devrais dire adieu au parc pour Olivier, à ses modules sécuritaires. Aux allées de vieux ormes surplombant les commerces. J'ai entendu la bouilloire cliqueter, l'eau était prête. J'ai pensé, durant une fraction de seconde, que l'idéal serait de retourner dormir un peu, de réfléchir ensuite à tête reposée. Mais dans la grande fenêtre, un gros oiseau noir, un carouge à épaulettes, est venu s'écraser à toute vitesse. Un son violent s'est fait entendre. Une tache rouge est apparue, et l'oiseau a glissé lentement vers le bas de la fenêtre, traînant son sang avec lui.

En me retournant, j'ai été aveuglé par le premier rayon de soleil de la journée, un flash intense et momentané, d'une beauté saisissante. Un nuage s'est installé sur le sommet de la montagne et la ville s'est refermée, s'est rendormie.

# CHARLES À REBOURS

## *Raymond Bock*

Ce n'était un secret pour personne, Charles cohabitait avec des fantômes. Certaines de nos connaissances lui conseillaient la patience ou la résilience, selon leur parcours personnel ; d'autres laissaient l'empathie leur plisser les lèvres et évitaient les lieux communs. Il s'érodait de toute manière, finirait par sortir de leur vie comme il sortirait un jour de la mienne, mais j'étais le seul à qui il parlait, le seul à qui il avait jamais vraiment parlé. J'en tirais une certaine fierté, mais cette responsabilité m'indisposait, car je me savais impuissant, seul à connaître, au-delà de la contenance de façade qu'il avait réussi à maintenir un temps, les tremblements permanents qui l'animaient.

J'ai connu Charles à l'université, dans un cours sur l'histoire des Autochtones, cours optionnel pour moi qui me documentais pour mon premier livre, une série de vignettes que je comptais faire se promener d'une époque à l'autre. Je poursuivais des études en littérature, lui en histoire, et il est vite devenu la référence sur laquelle m'appuyer pour repérer les anachronismes et les erreurs factuelles que mon dilettantisme avait laissés s'infiltrer dans mon manuscrit. Il avait un don. La quincaillerie des dates, des courants, des édits, des traités, des forces politiques en opposition, des phénomènes naturels, des accidents, des manipulations, des coups bas ou de génie s'emboîtait dans son esprit sans effort. Les conversations avec lui étaient passionnantes – les monologues, devrais-je dire, car il s'emportait chaque fois en nous racontant tel épisode sans nous laisser poser de questions, gesticulant pour nous faire comprendre comment s'étaient transformés les territoires sur une carte invisible, récits et gestes qu'il devait reprendre après s'être rendu compte que la carte était orientée pour lui-même et qu'il nous avait mimé une Amérique inversée. Il était clair pour nous qu'il était destiné à l'enseignement ou à la recherche, mais au lieu de poursuivre en histoire, il a choisi de faire une maîtrise en bibliothéconomie et en archivistique. C'était un choix pragmatique étonnant. Qu'il veuille soudain corder la mémoire me semblait à l'opposé de son inclination au désordre. C'est à la maîtrise qu'il a rencontré Maude, superbe, têtue, brillante, baveuse, qu'il aimait trop. Il avait publié au cours de ses études une dizaine d'articles, et son mémoire sur les incunables de la bibliothèque de l'Université de Montréal, avant même d'être déposé au département, était déjà en processus de publication. Il a trouvé la place qui lui était destinée aux archives nationales. La fin des études et surtout la naissance de nos enfants nous ont forcés à devenir adultes, on se voyait moins souvent, et la plupart du temps pour des activités familiales. Charles et Maude, talentueux couple aux dents droites, menaient une apparence de belle vie – l'appartement aux boiseries d'origine, les vacances à Charlevoix, le voyage en Espagne l'enfant attachée dans le dos –, mais ce n'était que du maquillage. Charles se confiait à moi à propos de son insomnie, de ses heures perdues à écouter des vidéos de batailles à mains nues dans les zones obscures du web, de ses cauchemars à propos de sa petite Annabelle, qu'il voyait voler dans le corridor, ou marcher à l'envers au plafond, sans que ses cheveux ni sa robe subissent la gravité.

Il n'avait écrit aucun article depuis deux ans quand Maude l'a laissé. Elle n'était pas du genre à entretenir ses amitiés et s'est rapidement détachée de Marie-France et moi. Charles s'éloignait aussi. Il venait à l'occasion avec Annabelle, dont il avait la garde la moitié du temps dans son nouveau quatre et demie de Villeray, et parfois seul à des fêtes privées, où il s'éteignait dans un coin à écouter les autres, d'où il s'éclipsait sans qu'on s'en aperçoive. Mon deuxième livre a relativement bien marché, on a même vu ma photo dans une revue. Charles se disait jaloux de mes réussites littéraires et familiales, et devant sa peine il m'arrivait de m'en sentir gêné, mais je chassais rapidement ce sentiment pour n'être que déçu pour lui, qui au fond, me paraissait-il, se complaisait dans sa souffrance. Il avait toujours son nom et son talent, il lui fallait seulement comprendre par quel subterfuge dissiper la tristesse qui l'aveuglait et ramener à sa vue la carte disparue de l'Amérique, et certains soirs où j'arrivais à me libérer de ma marmaille pour qu'on aille prendre un verre ensemble, ses fantasmes de voyage au Nunavik ou ses envolées sur la disparition du récit de voyage de Joliet à la découverte du Mississippi me faisaient croire qu'il allait y parvenir. Je n'ai pas su quoi dire quand, huit mois après sa rupture, il m'a hurlé au téléphone qu'il avait été congédié des archives. Il est disparu, et j'ai abandonné l'idée de rester dans sa vie après quelques appels et courriels sans réponse.

Marie-France et moi avons déménagé dans plus grand, on sentait qu'à trois enfants la famille était complète et qu'on pouvait désormais trouver où sédimenter. On a converti en unifamiliale un duplex sur Fabre, à mi-chemin entre les cégeps du Vieux-Montréal, où j'enseignais la littérature, et de Rosemont – pour elle, c'était la philosophie. On s'est volontairement grevés pour les deux prochaines générations, mais à distance de marche de tout ce qui nous faisait aimer la ville. Deux ans ont passé durant lesquels mon inquiétude à propos de Charles s'est tiédie, puis transformée en résignation. Il était cet ancien ami que nous avons tous, jadis proche, dont on ne sait plus ce qu'il est devenu. Notre plus vieux fréquentait l'école Le Plateau et rêvait de guitare électrique en faisant grincer son violon, le plus jeune vidait encore les armoires qu'on ne s'était pas résolus à verrouiller, et on s'efforçait, en saturant nos disques durs de photos et de films, de ne pas faire du cadet l'oublié du milieu. La vie de professeurs nous plaisait, notre écœurement devant l'analphabétisme des jeunes, contre lequel on ne pouvait rien malgré nos efforts, et qu'on avait de toute manière reçu la consigne d'ignorer, était pallié par le luxe de nos deux mois de vacances en famille. Un jour de mai, j'ai reçu un courriel de Charles, qui m'intimait sans formule de politesse de le rejoindre au pied du mont Royal, au crépuscule.

Sur la rue du Parc devant le monument à Cartier, après avoir traversé le parc Jeanne-Mance, où les spots avaient attendu mon passage pour s'allumer au-dessus du terrain de soccer, j'arrivais de bonne humeur avec l'idée de proposer à Charles qu'on monte la montagne en ligne droite, escaladant les quelques escarpements qui mènent à cette corniche camouflée par la cime de quelques arbres poussant dans le vide juste en bas, où on pourrait observer la ville de nuit et peut-être pousser jusqu'à se faire un petit feu de camp. J'ai ignoré les sifflements des vendeurs de drogue et suis allé m'asseoir sur un des bancs en surplomb. Quelques-uns étaient occupés par des couples. J'entendais des pas et des voix venus de la clairière derrière moi, ne voyais que quelques silhouettes dans l'ombre.

Il m'a fallu un instant pour comprendre que ce n'était pas un clochard qui me saluait avec la voix de Charles, mais lui-même, les cheveux lâchement attachés et la barbe impressionnante, son manteau long transformé en loques par la noirceur. On s'est ouvert quelques cannettes de bière. Après m'avoir laissé faire le bilan de mes deux dernières années, il m'a conté des morceaux des siennes. Il avait vécu son année de chômage, puis tenté de se replacer, sans succès, aux prises avec divers problèmes dont il ne m'a pas révélé la nature. Il avait déménagé dans un demi-sous-sol où il avait dormi dans le salon quelques mois, laissant la chambre à Annabelle jusqu'à ce que Maude en obtienne la garde complète. Il habitait maintenant une pièce et demie dans un immeuble au coin de Duluth et de Saint-Hubert, où il lui convenait de passer inaperçu parmi d'autres rompus débordés par la vie. Il a dit avoir abandonné l'idée même de l'espoir, incapable de concevoir qu'il y ait de lendemain. La logique veut qu'il y en ait pourtant, si l'on considère l'argument selon lequel aujourd'hui est bel et bien apparu, alors qu'hier même il n'était qu'une hypothèse. Mais c'est une erreur en fait, puisqu'on n'est jamais ailleurs qu'en un présent perpétuel. L'espoir est une arme retournée contre nous, une invention que les puissants ont imposée aux faibles pour les maintenir dans leur condition. À preuve, les marchandeurs, les religieux, les politiques saupoudrant le monde d'ultérieurs paradis et libertés, conscients qu'il pourrait devenir dangereux qu'on constate en bas qu'il n'y a que l'aujourd'hui, et qu'il vaudrait mieux y enseigner à remettre à plus tard. Son espoir abandonné avait l'avantage de le prémunir contre les déceptions inévitables qu'entraînent les désirs, et Charles disait vivre le moment présent, dans lequel il ne provoquait presque plus rien. Même le passé lui paraissait suspect, incertain qu'il était d'avoir vécu sa vie comme il l'avait cru tant on lui avait menti et on l'avait manipulé. La mémoire est une traîtresse. Les souvenirs récurrents qui venaient à son esprit n'avaient pas chaque fois le même déroulement, les paroles n'étaient pas redites par les mêmes personnes. Mais il ne m'avait pas invité pour parler de cela. Il avait besoin de mon aide, car malgré tout quelques rayons filtraient par les meurtrières. La Société historique de Montréal lançait en collaboration avec les presses de notre université une collection de documents sur des figures oubliées de la ville. Des textes étaient déjà écrits sur des inconnus aux noms familiers qu'il m'a nommés en rafale – Frederick Monk, Pierre Beaubien, Henri Ucal Dandurand –, d'autres commandes étaient passées, et on avait fait appel à lui pour écrire sur Stanley Clark Bagg. La date de tombée était trop rapprochée. Il ferait la recherche, je serais son rédacteur, on trouverait comment séparer l'argent. J'ai d'abord refusé, prétextant mes œuvres en cours, projets les plus importants pour moi hormis le devenir de mes enfants, mais j'ai pensé à la petite Annabelle qui devait être rendue si grande maintenant, et j'ai fini par accepter. Je me suis penché pour fourrager dans mon sac et en sortir les deux dernières cannettes, mais il s'était déjà mis en route vers les lions et la statue, les mains dans les poches de son manteau, d'un pas qui n'a pas ralenti malgré le feu rouge à l'intersection. Il n'y avait pas de voitures, le parc était silencieux et les revendeurs de drogue, partis. Je ne sais pourquoi ses cheveux longs étaient maintenant détachés. J'ai pris mon sac et suivi Charles à distance, l'ai laissé s'éloigner, même si on allait dans la même direction, en pensant qu'il manquait de brume à la scène.

Je n'ai pas eu de nouvelles de lui dans les jours suivants, alors j'ai commencé quelques recherches sur Bagg de mon côté. Je n'ai trouvé en ligne qu'un texte dans le *Dictionnaire biographique du Canada* et un portrait de son père homonyme Stanley Bagg, un visage craquelé et vaguement difforme comme dans tous les portraits à l'huile peints par des artistes au talent douteux au début du XIX<sup>e</sup> siècle, visages aux yeux légèrement trop écartés, aux fronts élargis, aux crânes coniques gommés d'une chevelure de pierre et à la peau d'une couleur maladive, comme si, après quelques mélanges ratés sur leur palette, les peintres s'étaient décidés pour le moins pire, qu'ils tenteraient comme des embaumeurs avec leur fard de corriger par des teintes rosées aux joues pour simuler la santé. Le père Bagg portait une redingote et un large foulard noir qui lui ceignait le cou sur toute la hauteur en enserrant le collet monté de sa chemise blanche, peut-être une marque de distinction bourgeoise, peut-être le camouflage d'une coupure causée par une balle perdue à la chasse ou une maladresse de son barbier. Je me suis demandé ce qu'on pourrait tirer de ces personnages ayant laissé peu de traces dans l'histoire, et dont le nom ne valait guère qu'on lui accorde plus qu'une rue de cent mètres coincée entre Saint-Laurent et Saint-Urbain. Mais j'avais accepté mon rôle de conteur. Je sentais qu'il me faudrait y mettre beaucoup. Marie-France n'était pas emballée par le projet, qui ne me rapporterait pas grand-chose selon elle, surtout que j'avais décidé de ne pas signer le livre et de le donner à Charles pour l'aider à remonter à la surface. Je comptais écrire le texte avant la rentrée scolaire de septembre, et pour que j'y arrive il faudrait que Charles commence rapidement à me fournir en documentation.

Le samedi suivant, je suis passé à la bibliothèque du Plateau pour emprunter quelques livres sur l'histoire de la ville, puis suis allé voir si Charles était chez lui. L'immeuble au coin de Saint-Hubert et de Duluth était aussi laid dedans que dehors : tapis des corridors usé, frisé de filaments arrachés le long des murs, odeur de graillon et de cigarette rendue collante par l'humidité des douches communes. J'ai entendu des paroles vives derrière la porte du 103. Charles n'est pas venu me répondre quand j'ai cogné, alors j'ai ouvert doucement. Il était debout au milieu de la pièce encombrée, le lit défait à sa gauche, le bureau à l'envers, la cuisinette infecte à sa droite ; il faisait face à la porte du balcon et me tournait le dos, et répétait en variant les tonalités : « Ah oui, tu penses que tu voudrais… tu veux faire du small talk avec moi… Ah ben tabarnac ! Du small talk, astheure… Tes explications, je vas te les… tu vas te les rouler serré pis te les rentrer dans le cul… Tu veux-tu voir ce que tu vas… ce que j'en fais, de tes explications crisse de singe ? Comment je vas ? Tu te soucies de comment je vas, là ? Du small talk ? Sérieux ? Du small talk ? » La hargne commençait à dominer les inflexions et ses poings étaient crispés, j'ai reculé d'un pas, la porte a grincé durant un silence, et Charles s'est retourné, les yeux dangereux. Il est redevenu lui-même en réalisant qui j'étais, ses épaules se sont affaissées, il s'est excusé, il lui arrivait souvent de donner la réplique au mur. J'ai fait un autre geste pour partir, mais il m'a dégagé la chaise, nous a sorti des bières du petit frigo, a sacré après s'être mouillé le bas de la chemise en s'appuyant au comptoir. Je lui ai proposé un rendez-vous pour le lendemain, mais il s'est dit heureux de ma visite impromptue et m'a expliqué où il en était dans ses recherches : pratiquement au même stade que moi. Il m'a expliqué pêle-mêle l'entrée sur Stanley Clark Bagg dans le *Dictionnaire biographique du Canada*, et comment il s'était fait expulser mercredi des archives municipales à l'hôtel de ville parce qu'une femme à la tête d'autruche s'était plainte de lui, puis il m'a donné ses notes sur le dernier descendant masculin des Bagg et

quelques histoires manuscrites qu'il voulait que je com-
mente. Il m'a dit s'inspirer de ses rêves pour les écrire, et
vivre ainsi ce qu'il ne pourrait jamais faire advenir dans la
réalité, amusé de son inconscient et fier de son surmoi.

Une fois rentré, j'ai songé à laisser tomber le projet, prêt
à considérer comme conséquence de ce retrait la fin de
mon amitié avec Charles. Les notes sur le dernier Bagg ne
disaient rien du tout. Harold Fortescue Stanley avait été un
homme d'affaires opulent, il s'était maintenu au sommet
grâce à la spéculation immobilière et était mort dans le
confort montréalais durant la Deuxième Guerre mondiale.
Après lui, le nom s'était éteint, les femmes de la famille
l'ayant abandonné pour prendre celui de leur mari. Les histoires de Charles, par contre, hypnotiques, surchargées d'af-
fects violents, avaient leur intérêt. La première se déroulait
à l'époque de la Nouvelle-France, durant une canicule sur
les trois Rivières. Un homme accourait au village dans une
agitation frôlant le délire. On finissait par comprendre de
ses explications que sa femme enceinte était disparue dans
le Saint-Maurice. Trois jours plus tard, on repêchait le
corps. La chaleur de ce juillet éblouissant, au cours des
jours suivants durant lesquels on préparait les obsèques, en
accélérait la dégénérescence. Le mari affligé veillait conti-
nuellement la dépouille. Un après-midi de plein soleil oc-
culté par le rideau tiré, il assistait, alerté par les bruits et en
ayant relevé la robe, à l'expulsion post-mortem de la tête
violette du fœtus hors du vagin de sa femme. Le village ne
s'en remettait pas, et on brûlait la maison pour conjurer le
diable, incapable d'admettre qu'il s'agissait bel et bien
d'êtres de poussière retournant à la poussière, de l'œuvre de

la nature, amorale : les bactéries et les gaz se multipliant
dans le corps de la défunte avaient voulu occuper l'espace
sans le partager. Dans la deuxième histoire, le narrateur ré-
pondait à la porte et un inconnu l'assaillait. Ils luttaient dans
le corridor jusqu'à ce qu'il prenne le dessus sur son visiteur,
qui était plus grand et plus fort, mais moins vif et déterminé.
De quelques crochets, il parvenait à le coucher, puis s'assu-
rait de deux coups de talon au visage qu'il demeurerait inconscient le temps qu'il aille à l'atelier planter des clous de
cinq pouces à travers son vieux bâton de baseball, un bâton
de bois d'un format pour enfants, hérissé d'éclisses, au
manche craqué retenu par des tours de ruban noir. L'homme
n'avait pas bougé à son retour, et il le frappait de son arme
jusqu'à la liquéfaction. La dernière racontait comment un
chirurgien avait capturé une femme et la séquestrait dans
une cave au sol en terre battue et éclairée de torches, où
pendaient aux murs des instruments aratoires, des chaînes
et divers outils rouillés. Par les soupiraux leur parvenaient
des beuglements. Le chirurgien cautérisait à l'aide du feu
d'une des torches le moignon de la jambe qu'il venait de
sectionner au-dessus du genou, avec l'intention de faire
vivre aussi longtemps que possible cette masse de moins en
moins humaine en la maintenant à la limite de l'inanition
grâce à une nourriture cuisinée avec sa propre chair. J'étais
impressionné par la véhémence de cette écriture, que je
savais ne jamais pouvoir atteindre dans ma pratique. Mon
imagination n'atteindrait jamais telles extrémités. Le style
était maladroit, et l'usage continuel de participes présents
fautifs induisait des simultanéités impossibles, mais c'étaient
de bons textes qui, avec un peu de travail, seraient publiés

sans hésitation par un éditeur de littérature de genre. Mais Charles n'arrivait pas à s'approcher de Bagg, et il fallait avancer.

Une autre semaine a passé sans que Charles me donne de nouvelles, et j'ai encore songé qu'il vaudrait mieux abandonner. J'accumulais les notes pour un prochain livre. Si je n'en commençais pas l'écriture cet été, il me faudrait attendre l'an prochain, le temps des fêtes ne s'annonçant pour Marie-France et moi que tempêtes et autoroutes, les sessions de cégep que des éteignoirs. Mais Bagg se profilait dans la pénombre, et c'est parce qu'il tenait à y rester caché qu'il m'intriguait de plus en plus. Linteau n'en faisait pas mention dans *L'histoire de Montréal depuis la Confédération*, quand pourtant il avait été un proche de MacDonald et un membre important du Parti conservateur. Je n'avais rien en main que cette courte biographie et la photo sépia d'un barbu aux cheveux courts et ondulés qui pointaient au-dessus des oreilles comme un bicorne, mais je sentais qu'un personnage souhaitait apparaître, de ces notaires et juges de paix qui demeurent dans l'antichambre pour chuchoter la réplique à ceux qui plastronnent au salon. Un fonds au nom de la Stanley Bagg Corporation était conservé aux archives nationales. Il m'incombait de le consulter. Je savais Charles banni de ce bâtiment. Une fois aux archives, j'ai encore pensé abandonner. Le fonds était colossal et classé sans logique. Mais Bagg était là, richissime et influent, caché derrière des tentures piquées d'or, invisible à table malgré son reflet dans la porcelaine.

Il m'a fallu quelques visites pour voir le portrait s'éclaircir. Les propriétés terriennes de la famille Bagg occupaient, au sommet de sa puissance, la plus grande superficie sur l'île de Montréal après celles des Sulpiciens, une gigantesque bande de terre qui, entre Saint-Laurent et ce qui allait devenir l'avenue du Parc, allait du haut de la côte à la rivière des Prairies. Dès l'Union, une génération avant l'abolition du régime seigneurial, on avait assoupli les lois pour que les propriétaires puissent assécher les milieux humides, quadriller et lotir leurs terres, les vendre en parcelles. La ville avait avancé lentement dans la campagne, mais les grands bourgeois s'étaient gardé le privilège bucolique de la montagne, au pied de laquelle ils s'étaient construit des manoirs d'or sur un mille carré. Il n'y avait dans ce fonds rien d'autre que des preuves de portes tournantes, d'infiltration de conseils d'administration, de fraternités replètes et de bleuissement du sang, rien de neuf ni d'étonnant dans ce portrait d'homme puissant qui n'avait pas voulu faire de vagues. Stanley Clark Bagg n'était que la énième incarnation de la figure, si commune durant l'orgie préconfédérale, de l'héritier élégamment vêtu dont le parfum importé n'arrive pas à masquer l'odeur de ses aisselles. Et le passé même de la famille avait été un mensonge longtemps reconduit : pour s'attirer les faveurs en haut lieu et une place respectable dans l'histoire, on avait inventé aux Bagg de Montréal une noble origine anglaise, quand en fait le grand-père Phineas, petit tenancier en déroute, était débarqué au Bas-Canada pour fuir ses créanciers du Connecticut. Stanley Clark Bagg avait pris les armes avec les Red Coats à Saint-Eustache, avait vendu sa maison aux Molson. Mon rôle était de lui donner une humanité.

Un dimanche midi, Charles m'a appelé, il tenait à me voir au coin de Saint-Laurent et de Mont-Royal sur-le-champ. C'était la fête sur l'avenue, la circulation était bloquée, la foule profitait enfin du meilleur temps de la saison. Les amuseurs attiraient de petits groupes avec des acrobaties, des poètes déclamaient sous un chapiteau dans l'indiffé-rence des passants pressés sous les tentes où les boutiques liquidaient leur marchandise, ou enfumés en file indienne pour une merguez à la moutarde. Marie-France et les en-fants se sont arrêtés au trampoline gonflable, et j'ai continué à me faufiler parmi les corps jusqu'au boulevard. Là s'arrê-tait la vente-trottoir, la foule était moins dense, je cherchais un grand barbu peut-être repoussé par des bénévoles au-delà des barrières. J'ai arpenté l'intersection une dizaine de minutes avant de l'apercevoir par la baie vitrée du restaurant libanais de l'autre côté de Saint-Laurent, en conversation avec une dame qui le tenait à distance en levant la paume. Il s'en est désintéressé quand il m'a vu approcher dans l'entrée, et tout de suite il est venu vers moi en désignant l'endroit d'un tour de doigt au-dessus de sa tête. C'est ici, c'est ici, répétait-il en me menant d'une table à l'autre, puis du comptoir aux toilettes. J'ai tenté de l'arrêter pour lui tirer des explications, mais il voyait au-delà des murs, et lorsqu'il a insisté auprès d'une serveuse pour accéder à la cave par l'arrière-boutique, deux cuisiniers nous ont abordés et escortés jusqu'à la sortie.

C'est ici qu'elle était, a-t-il continué, debout devant le restaurant. Les passants nous contournaient sans nous voir, car il n'y avait rien à remarquer de ce qui se jouait ici, que deux hommes dans la mi-trentaine, l'un qui ressemblait à tous les autres de sa génération, jeune père qui faisait son âge, et l'autre, l'air d'un vagabond presque bien mis, le veston ouvert sur un jabot fatigué, la tignasse retenue sur la nuque par un ruban, le pantalon à plis trop court et les bottes de cuir brun à talons foncées par l'usure. C'est ici qu'il y avait la taverne du Mile-End, a-t-il peint de ses mains dans l'espace, la première à l'extérieur de l'enceinte de la cité d'en bas et à un mille du haut de la côte. Alors, le Sara et le Tim Hortons se sont évanouis pour devenir sous sa description un bâtiment de deux étages en grosses pierres grises et au balcon de bois, et derrière lui une petite écurie hexagonale donnant sur un enclos où broutait le bétail de la boucherie du grand-père John Clark. Le père Stanley se tenait au milieu du chemin, en tête d'un groupe de cavaliers prêts à partir à la chasse au renard avec leur meute de chiens pisteurs sautillant, excités. Par le chemin de terre qui se poursuivait, bordé de part et d'autre de hauts peupliers, jusqu'à la montagne camouflée par le brouillard, revenaient d'autres cavaliers après quelques exercices de petit trot au champ de course que Charles avait fait apparaître en gesticulant en direction du parc Jeanne-Mance. Une bagarre a éclaté sur le balcon de la taverne. Après quelques cris, un homme est passé par-dessus la rambarde et s'est écrasé à nos pieds au moment où la taverne était rasée pour faire place à des échafaudages de bois montés sur de profondes fondations, les peupliers se sont abattus, et la rue s'est pavée puis lézardée de rails, longée de poteaux reliés par un dense réseau de filage où les oiseaux se faisaient prendre comme dans une toile d'araignée. Puis les peupliers se sont relevés et ont rapetissé jusqu'à s'enfoncer dans le sol de la campagne sauvage où se pourchassaient les lièvres. Le feu venait de passer au vert. Charles m'a entraîné par le bras vers la vente-trottoir. Il a fallu se contorsionner pour cheminer parmi la procession eucharistique, entre les curés et les enfants de chœur en rangs serrés levant haut leurs gaules et leurs effigies. Charles continuait de pointer ici et là, expliquait les maisonnettes à lucarnes coincées entre les duplex ou le coffrage des colonnades. Il m'a arrêté un long moment devant la tannerie au coin d'Henri-Julien, construite à côté du ruisseau qui coulait là en provenance de la montagne et où on traitait les peaux du bétail de la taverne des Clark Bagg pour fournir en cuir les maroquineries et les cordonneries du village. Le chemin du Mile-End s'arrêtait là, et les champs s'étendaient à l'est. Des charretiers convergeaient vers nous sur le chemin des Carrières en guidant leurs chevaux empoussiérés par les chargements de pierre calcaire. Puis, une fois les carrières vidées, le chemin a dû changer de fonction, Joseph Guibord a été excommunié, la postérité a respecté l'intervention divine en le débaptisant Gilford, et la rue est demeurée diagonale malgré le plan rectiligne qu'on a imposé sur les devis du coteau Saint-Louis. On s'est engagés sur l'avenue qui s'ouvrait de nouveau vers l'est parmi la foule de belles en minijupe yéyé et de garçonnes aux guiches et aux chapeaux ronds qui surveillaient leurs enfants dans le trampoline gonflable. Marie-France est venue nous saluer, heureuse de revoir enfin Charles malgré tout ce qu'elle m'avait dit redouter de lui depuis nos retrouvailles. Mais il l'a à peine remarquée, me tirant toujours vers l'est parmi les tramways, les calèches, les autobus et la végétation qu'on traversait comme des spectres, et je voyais Stanley Clark

Bagg nous échapper à cheval vers le nord dans la rase campagne, son queue-de-pie rebondissant sur la croupe de sa monture, et disparaître dans la forêt au-delà des cheminées de l'incinérateur à déchets. Penchés sur le bord d'un toit, des ouvriers en camisole et bretelles peignaient sur la brique, avec des rouleaux au bout de perches, le nom encore incomplet de la factrie Desrosiers & Bou... Il nous a fallu éviter le camion-citerne tiré au galop hors de l'hôtel de ville du village De Lorimier, puis, après les zigzags dans la foule épaule contre épaule, au bout de l'avenue, on a rejoint l'édifice du *Journal de Montréal* démonté une brique à la fois pour être remplacé par un gigantesque abattoir, d'où nous parvenaient les cris des porcs et des bœufs égorgés, et l'odeur puissante, qui faisait saliver de dégoût, de la corruption des carcasses laissées à faisander dans la chaleur. En sueur, les mains levées qui bougeaient encore un peu dans l'espace, Charles était à court de magie. Je suis entré au supermarché nous acheter à boire, mais à ma sortie il avait disparu, peut-être absorbé par la foule heureuse de l'été et des rabais, peut-être rentré chez lui, peut-être évanoui dans un repli menteur de sa mémoire. Je suis allé rejoindre Marie-France et les enfants au trampoline.

Je n'ai plus reçu de nouvelles de Charles par la suite. On m'a répondu, à la Société historique de Montréal, qu'il ne s'était pas manifesté depuis l'entente initiale et que le projet de livre sur Bagg était suspendu jusqu'à nouvel ordre. Je suis allé cogner au 103 de son immeuble quelques fois durant l'été, les premières sans obtenir de réponse, la dernière pour me faire ouvrir par un autre. Cinq années ont passé. Il m'est arrivé de croire le reconnaître mendiant au

centre-ville, l'apercevoir à l'extérieur de la librairie au lance-
ment d'un de mes livres, ou encore dans un parc, cheveux
courts et frais rasé, s'amusant avec une jeune fille qui ressemblait à une Annabelle de dix ans. J'ai tenté de lui parler
la seule fois où je l'ai effectivement reconnu, sur Prince-
Arthur, mais il ne m'a pas répondu, adossé contre le mur du
moulin, dont l'ombre lente des pales se déformait dans les
herbes flattées mollement par le vent, profitant de la superbe
vue sur la cité fortifiée du bas de la côte, par-delà la prairie
tranquille.

Cet ouvrage composé en Electra corps 12 a été achevé d'imprimer au Québec
sur les presses de Marquis Imprimeur le trente septembre deux mille quatorze
pour le compte de VLB éditeur.